CHANSONS
ET
PASQUILLES LILLOISES

PAR

DESROUSSEAUX.

AVEC MUSIQUE.

> Le bon Dieu me dit : Chante,
> Chante, pauvre petit !
> *Béranger.*

QUATRIÈME VOLUME.

LILLE,
CHEZ LES PRINCIPAUX LIBRAIRES.

1865.

CHANSONS
ET
PASQUILLES LILLOISES

PAR

DESROUSSEAUX.

AVEC MUSIQUE.

> Le bon Dieu me dit : Chante
> Chante, pauvre petit !
> *Béranger.*

QUATRIÈME VOLUME.

LILLE,
CHEZ LES PRINCIPAUX LIBRAIRES.
1865.

LE PETIT-PARRAIN (*).

Air du Broquelet d'aujourd'hui (2ᵉ volume).

(Noté. — N° 1.)

D'un bon vieux luron,
J' m'in vas vous raconter l'histoire,
Malgré qu' sin vrai nom,
Je n' le sais point, je l' dis tout d' bon.
Chin qu'i n'y-a d' certain,
Ch'est qu'on n' l'appélot point Magloire,
Ni Chos, ni Ritin,
Mais tout bonn'mint : *l' Petit-Parrain.*
Vous sarez l' raison
De ch' drôl' de sournom,

(*) Le fond de cette chanson est historique. Un pauvre habitant du quartier Saint-Sauveur hérita d'un parent inconnu quelque chose comme une trentaine de mille francs. A peine était-il en possession de cette petite fortune, qu'il fut invité à être le parrain d'un nouveau-né de son quartier. Comme il fit généreusement les dépenses qu'entraîne ordinairement un parrainage, à partir de ce jour, d'autres invitations se succédèrent sans interruption ; et lui, pénétré de cette vieille croyance que refuser le baptême porte malheur, acceptait toujours. Si bien qu'au bout de deux ans, il mourut complètement ruiné, mais laissant un sobriquet populaire : LE PETIT-PARRAIN.

Si vous m'acoutez.
Jusqu'à là, comme mi, répétez :

Ah ! queu drôl' de pélérin ⎫
Que ch' Petit-Parrain ! ⎭ *Bis.*

Eun' fos, ch' vieux filtier,
Li, cousin-germain de l' misère,
Apprind qu'un rintier,
S'n onque inconnu, l' fait s'n héritier.
I va tout trannant,
Tout palpitant, vir un notaire,
Qui li donne, *in blanc,*
In billets, vingt mill' francs comptant.
De s' vir tant d'argint,
Etot i contint ?
Je l' pins', mais pourtant
I brayot tout comme un infant.

Ah ! queu drôl' de pélérin ⎫
Que ch' Petit-Parrain ! ⎭ *Bis.*

Comm' vous l' pinsez bien,
Cheull' nouvelle a couru dins Lille.
Avant que ch' quertien
Euch' maingé tros sous su' sin bien,
L' femme à Mathurin,
Qui v'not d'hériter d'eun' gross' fille,

N'attind point l' lind'main
Pou l' prier de n'n ête l' parrain.
Il accepte et dit :
« N'y-ara point d' dédit,
J' veux fair' des heureux !
In souv'nir de m'n onqu' généreux ! »
Ah ! queu drôl' de pélérin
Que ch' Petit-Parrain ! } *Bis.*

Afin de s' donner,
D'un vieux rintier, l'air et l' manière,
I s' fait rhabiller
Du haut in bas, par un fripier,
Qui trouve à propos
Eun' capote à l' propriétaire,
Et li dit : « Min gros,
Qu'ell' bonn' pièch' que t'aras su' l' dos !
Cha t' va comme un gant !... »
Ah ! queul intrigant !
J' vous assur', mes gins,
Qu'on n'n arot mis deux comm' li d'dins !
Ah ! queu drôl' de pélérin
Que ch' Petit-Parrain ! } *Bis.*

Et le v'là parti,
Leste comme un vrai maît' de danse,

Fair' faire un *frichti :*
Côt'lett's, gigot, poulet, rôti.
I d'mande au boucher
Un bouli sans *réjouissance.*
Avant d' li livrer,
Ch' marchand veut li faire observer
Qu' cha fait l' bon bouillon :
Mais l'aut' li répond :
« Assez d' quolibiec,
On s' réjouit mieux sans qu'avec ! »
  Ah ! queu drôl' de pélérin } *Bis.*
  Que ch' Petit-Parrain !

A l' femm' Mathurin,
Il invoi' tous chés viand's sans oche,
Avec du bon vin,
Du café, du chuc, du brand'vin ;
I loue in passant,
Cha va sans dire, eun' biell' caroche,
Et, friant-battant,
On s'in va baptijer l'infant.
A table on s'a mis :
Deux jour' et deux nuits
On y est resté...
L' Petit-Parrain a tout payé.
  Ah ! queu drôl' de pélérin } *Bis.*
  Que ch' Petit-Parrain !

Quand on a su cha
Dins l' quartier Saint-Sauveur, chaq' femme
A dit : « Queu soula !
Pour mi, quand min tour arriv'ra,
J'irai l' l'inviter,
Li persuader que l' baptême
N' peut point se r'fuser,
I s' verra forché d'accepter.
Quequ'un a compté,
Que ch'l homme a été
Autant d' fos parrain
Qu'i n'y-a d' vîte' au Grand-Magasin ! (*)
Ah ! queu drôl' de pélérin
Que ch' Petit-Parrain. } *Bis.*

Aussi, sin r'venu,
In s'y pernant d' cheull' sott' manière,
N'a point fait long fu.
Il a parti comme il a v'nu,
Et l' Petit-Parrain
Allot se r'trouver dins l' misère.

(*) Si cette chanson avait l'heureuse chance de sortir des murs de Lille, les lecteurs, ignorant probablement que notre magasin des vivres militaires contient ou est censé contenir autant de fenêtres qu'il y a de jours dans l'année, ne pourraient comprendre le sens exact des deux derniers vers de ce couplet. Ils pourraient, dans ce cas, les remplacer par ceux-ci :

Parrain autant d' fos
Qu'i n'y-a d' demi-heure' in tros mos.

Heureus'mint, l' destin
A volu l' priver de ch' chagrin.
Au baptêm' d'Henri,
L' garchon d' Riquiqui,
Eun' trainque d' gambon
L'a fait morir d'indigession.
Ah! queu drôl' de pélérin   ⎫
Que ch' Petit-Parrain !   ⎬ *Bis*
                                 ⎭

Et v'là, de ch' bon fieu,
Mes gins, d'un bout à l'aut', l'histoire.
De l' grosseur d'un ch'veu,
Je n' mints point, je l' jur'ros d'vant Dieu.
Malgré min sermint,
Si quequ'un d' vous n' volot point m' croire,
I peut facil'mint,
Là-d'sus, s' fournir un rinseing'n'mint,
Car su' Saint-Sauveur,
De ch'l homm' d'un bon cœur,
Qui s'a fait chérir,
Tout l' monde a conservé l' souv'nir.
On y parle à chaq' festin   ⎫
Du bon P'tit-Parrain.   ⎬ *Bis.*
                                 ⎭

LE CAFÉ.

Air nouveau de l'auteur.

(Noté. — N° 2.)

On critiqu' nos ménagères,
Pa' c' qu'on vot tout l' long du jour,
Su' l' buich' du poêl', leus caf'tières,
Comme un guetteu sur eun' tour.
L'un dit : Ch'est un ruin'-ménache !
L'aut' dit : Ch'est un vrai poison !
Ah ! cessez tout ch' babillache,
Acoutez putôt m' raison :

Quand un n' séquoi nous désole,
Quand l' malheur nous a giffé,
Ch'est du café qui nous console.
    Vive l' café ! (*Bis.*)   } *Bis.*

Un homm' dira : Te me ruines,
A s' femm', quand, avec deux sous,
Elle invit' voisins, voisines,

Et qu'ell' les régal' tertous !
I n' compt'ra point l' chuc, j'espère,
Car, i dot l' savoir comm' mi :
On s' sert, dins parelle affaire,
D'un p'tit morciau d' chuc candi.

Quand un n' séquoi nous désole,
Quand l' malheur nous a giffé,
·Ch'est du café qui nous console.
  Vive l' café ! (*Bis.*) } *Bis.*

Qu'un infant d'eun' pauver femme,
Faiche eun' maladi' d' longueur.
Ell' viendra malade ell'-même,
Si rien n' li rassur' sin cœur.
Mais ch' n'est point cha qui l' tracasse :
Nuit et jour ell' le soingn'ra,
Tout in buvant s' petit' tasse,
Chaq' fos que l' sommei viendra !

Quand un n' séquoi nous désole,
Quand l' malheur nous a giffé,
Ch'est du café qui nous console.
  Vive l' café ! (*Bis.*) } *Bis.*

Quand min voisin fait ribotte,
Sitôt qu'il intre à s' mason,
A s' femme, i flanque eun' calotte ;

Elle, ell' prind s' manche à ramon..,
Si j' veux fair' cesser l' batalle,
J'intre, et j' cri' tout min pus fort :
« D'eun' tass' de café, j' régale !... »
Cha les r'met tout d' suit' d'accord.

Quand un n' séquoi nous désole,
Quand l' malheur nous a giffé,
Ch'est du café qui nous console.. }
     Vive l' café ! (*Bis.*)   } *Bis*

L'amour est fait pou' l' jeunesse,
Comm' les cats pour les soris :
Qu'un jeune homm' quitte s' maîtresse,
Pa' c' qu'i li vot des ch'veux gris,
Ell' pouss'ra des esclamasses !
Parlera d' se j'ter dins l'iau...
Fait's-li boire eune ou deux tasses,
Elle obliera l' galuriau !

Quand un n' séquoi nous désole,
Quand l' malheur nous a giffé,
Ch'est du café qui nous console. }
     Vive l' café ! (*Bis.*)   } *Bis.*

On a dit qu' ch'est l' sang des femmes,
Ch'est l' pus gross' des vérités,
Mais j'ajout' : Les homme' euss'-mêmes,

N'in sont point bien dégoûtés.
Quand, d'avoir trop fait bombance,
Un homme a l' cœur débiffé,
Il a r'cour' à ch'l ordonnance :
Eun' demi-onch' de café.

Quand un n' séquoi nous désole,
Quand l' malheur nous a giffé,
Ch'est du café qui nous console. } *Bis.*
   Vive l' café ! (*Bis.*)

Infin, cheull' boisson si bonne
A mérité d' porter l' nom,
Qu'à Lille, un chacun li donne :
Liqueur de consolation.
Pour guérir eun' peine estrême,
Personn' ne m' démintira,
Les méd'cins, Raspal li-même,
N'ont point de r'mèd' si bon qu' cha.

Quand un n' séquoi nous désole,
Quand l' malheur nous a giffé,
Ch'est du café qui nous console. } *Bis.*
   Vive l' café ! (*Bis.*)

LE GRAISSIER

Air nouveau de l'auteur.

(Noté. — N° 3.)

Avec plaisi, j' vos dins l' bonn' vill' de Lille,
Des magasins brillants, comme à Paris ;
Mais, comme on aime un vieux portrait d' famille,
Du temps passé, j'aime à r'vir les débris.
     Aussi, quand j' pass' su' l' Plachette,
        Tout joyeux, j' m'arrête
        Près d'un p'tit graissier,
    Et j' crie à m'érailler l' gosier :

    Ah ! v'là l' parfait modèle
        Du Graissier,
    Qu'à ch't heure on appelle
        Épicier.

Ch' n'est point pou' rien, mes brav's gins, que j' pourmire
Cheull' viell' boutiqu', grand' comme un écourcheu.
J' vas vous l' moutrer du dogt, pour ainsi dire,

Et vous l' trouv'rez pus curieuss' qu'un cat bleu.
    Faut d' abord que j' vous einseinne
        Qu'elle a, pour einseinne,
            Sur un banc tortu,
        Un p'tit tonniau au lait-battu.

        Ah! v'là l' parfait modèle
            Du Graissier!
        Qu'à ch't heure on appelle
            Épicier.

Mais, n'allons point tout vir, habile! habile!
Arrêtons-nou' un moumint su' l' trottoir:
V'là des chabots, et, d' gros ramon', eun' pile,
Des ramonchaux, un grand tonniau tout noir,
    Uch' qu'on débit' de l' braisette,
        Avec eun' pellette;
        Deux couëts rimplis,
    L'un, d' poir's cuite', et l'aute, d' puns cuits.

        Ah! v'là l' parfait modèle
            Du Graissier!
        Qu'à ch't heure on appelle
            Épicier.

A ch't heure, introns. Sans parler d' l'épic'rie,
On y vind d' tout, comm' vous allez l' juger:
V'là d' l'andoull' d'Air', tout comme à l' charcut'rie,
Des pains, des couque', autant qu'au boulainger;

Près d'eun rondelle' de p'tit' bière,
Des choux, des puns-d'-tierre,
Des hérings salés,
Dins d's haricot' accommodés.

Ah! v'là l' parfait modèle
Du Graissier!
Qu'à ch't heure on appelle
Épicier.

Ch'est là qu'on vot des femm's du voisinache,
Tous les matins, fair' leus p'tit's provisons.
In s' racontant, su' tout point, du ménache,
Les agrémint' et les tribulations,
I s' faitt'nt servir un p'tit verre,
Ditt'nt : « *Au nom du Père !*
Fait's qui soit béni,
Ch'est l' premier qu' j'avale aujord'hui ! »

Ah! v'là l' parfait modèle
Du Graissier!
Qu'à ch't heure on appelle
Épicier.

Et l'homm' qui tient cheull' petit' vieill' boutique,
A justemint tout l'esprit d' sin métier.
Réglant sin temps comme un papier d' musique,
Il est toudis l' premier l'vé du quartier.
Au point du jour, ouvre s' porte,

Presque aussitôt, sorte,
Et, sans s'écauffer,
In feumant s' pip', brûl' sin café...

Ah! v'là l' parfait modèle
Du Graissier!
Qu'à ch't heure on appelle
Épicier.

Passez par là, dimanche' et jours de fiête,
Et vous l' verrez, tout comm' les jour' ouvrants,
Dins sin comptoir, mêm' s'il a fait s' toilette,
Avé l' costum' des r'vindeux du vieux temps :
Un écourcheu à bavette,
In toil' bleusse et nette ;
Un bonnet d' coton
Avec eun' mêch' comme un pompon.

Ah! v'là l' parfait modèle
Du Graissier!
Qu'à ch't heure on appelle
Épicier.

Pou' s' fair' bien v'nir, quoiqu'il est assez chiche,
A nos infants, i donn' des p'tits séquois,
Comme eun' tablette, un baton d' pain-d'-curiche ;
Et, s'lon l' coutume, à l'occasion des *Rois*,
A chaq' femm' de s' clientèle,
I donne eun' candelle...

In veyant s' grosseur,
De l' pratique on connot l' valeur.

 Ah ! v'là L' parfait modèle
  Du Graissier !
 Qu'à ch't heure on appelle
  Épicier.

Et, pour finir, ch'l homm' qui n' sait point ses lettes,
Pour fair' ses compt's, n'a point b'soin d'écrivain.
Vous in s'rez sûr', homm's, femm's, garchons, fillettes,
Si vous intrez dins l' fond d' sin magasin.
 Vous verrez, sur eune ardoisse,
  Comm' dins l' langu' chinoisse,
  Des zigzag' écrits...
 Ch'est là qu'i marque ses crédits.

 Ah ! v'là l' parfait modèle
  Du Graissier !
 Qu'à ch't heure on appelle
  Épicier.

LA RATTACHEUSE.

Air de la Petite Margot

ou

« De la Lorette de la veille et du lendemain. (Nadaud.)

    Pauv' rattacheusse,
    Je m' trouve heureusse,
Car je ne connos ni chagrin, ni souci ;
    Pus d'eùn' mamzelle,
    Quoiqu' riche ét bielle,
N'a point, comm' mi, chaq' jour, nouviau plaisi.

Tous les matins, aussitôt que m' bonn' mère,
Pou m' réveiller, a fait sin carillon,
J'alleume l' poêle et j' mets, su' l' fu, l' caf'tière,
Et nous buvons *l' tasse d' consolation.*
    Chuchant m' tablette,
    Faijant m' toilette,
Comme on m' dit biell', pour mi savoir, au bon,
    Chin qu'i résulte,
    Vingt fos, j' consulte
Min p'tit miro, qui n' me dit jamais non.

Sitôt qu' j'intinds sonner l' cloq' de m' fabrique,
Me v'là partie, et si j'arriv' trop tard,
Min surveillant dit : « Ch'est rien d' cha, Lilique ! »
In v'là l' raison : ch'est qu' ch'est un vieux paillard,
   Qui n' cess' de m' dire :
   « Pour vous j' soupire ! »
M'offre souvint de m' fair' faire un régal.
   Il a biau faire,
    I n' peut point m' plaire,
Je n' veux jamais fréquenter que m'n égal.

N'allez point croir' que j' sus-t-eun' Saint'-Mitouche (*)
Comme on in vot, toudis prête à r'chigner,
Qu'un geste fâche, eun' parole effarouche ;
Tout au contrair', j'aime à rire et à graingner.
   Si ch' vieux basile
   M' trouv' difficile,
Si je l' rimbarr' quand i m' fait les doux yeux,
   V'là tout l'affaire :
   Ch'est que j' préfère,
Pour amoureux, deux jeun's gaillards, qu'un vieux.

(*) *Sainte-Mitouche* n'est pas, selon nous, une corruption de Sainte-Nitouche. C'est la conséquence de la négation *mie* pour *point* qui était employée autrefois et que le patois de Lille a conservée. Voltaire a même employé ce mot dans les vers suivants :

  L'un à son aide appelle Saint Martin,
  L'autre Saint Roch, l'autre Sainte *Mitouche.*

Ah ! que j' les plains, chés malheureuss' fillettes
Qui, pour avoir, in poche, un p'tit peu d' sous,
Êt' régalée', avoir des biell's toilettes,
S' faitt'nt courtiser par un tas d' vieux zouzous.
   Durant l' jeunesse,
   On les caresse,
On est fier d'euss', comme on l' l'est d'un biau q'va ;
   Mais tout cha cesse,
   Avé l' vieillesse,
Comm' malpropice, alors, on les laich' là.

Queu déshonneur! êt' quitté' par un homme!
J'ose affirmer qu' quand ch' malheur m'arriv'ra,
A pieds-décaux, j' m'in irai l' dire à Rome.
Et v'là, mes gins, l' moyen qu' j'imploi' pour cha :
   Ch'est bien facile,
   Quand un bon drille,
Tout in dansant, m' lance eun' déclaration,
   J' queminch' par rire,
   Et par li dire :
« Vous m'accord'rez six s'maine' d' réflexion. »

« Ch'n'est point de r'fus, qu'i dit, d'un air bénache. »
Pindant ch' temps-là, il est on n' peut point mieux,
I vient, chaq' jour, à l' sorti' de m'n ouvrache
Et nous allons nous pourmener, joyeux.
   Dimanche et fiête,

A rien , i n' vette
Pou m' divertir. — Si ch'est l' temps d' carneval,
D'un vieux grand-père,
Et d'eun' gra-mère,
Loue les costume', et nous parton' au bal.

Là, je n' sus point, comm' les tros quarts des filles,
Toudis pindue au bras du mêm' garchon.
J' fais des polkas, des valses, des quadrilles,
Et chin qui suit, sans d'mander l' permission.
Dins l' bal, sans gêne,
Quand je m' pourmène,
J' n'ai point d' raison pou' n' point moutrer m' gaîté.
Ch'est eun' manière
Que j' tiens de m' mère :
Adieu l' plaisi, s'i n'y-a point d' liberté.

Quand il arriv' que m'n amoureux bougonne,
Et qu'i s'avisse d' critiquer mes goûts,
J' li dis : « M'n ami, j' ne r'chos d'orde d' personne ;
Je n' vous ai point donné l' drot d'êt' jaloux! »
Alors, on s' quitte...
Tout au pus vite,
Un aut' luron s'offre pou' l' rimplacher,
S'i fait m'n affaire,
J' manq' point d' li faire
L' mêm' condition, et ch'est à r'quemincher.

Ainsi, mes gins, j'vous ai moutré m' malicé,
Pour tâcher d' fair' durer l' plaisi longtemps.
On a toudis l' temps pour faire eun' bêtisse,
Je m' marierai... quand j'arai quarante ans.
  Pauv' rattacheusse,
  Je m' trouve heureusse,
Car je n' connos ni chagrin, ni souci;
  Pus d'eun' mamzelle,
  Quoiqu' riche et bielle,
N'â point, comm' mi, chaq' jour, nouviau plaisi.

LIQUETTE

ou

CONSEILS A UNE JEUNE FILLE QUI DOIT SE MARIER.

Air nouveau de l'auteur.

(Noté. — N° 4.)

Quand Célestin m'a d'mandéé in mariache,
Pour gouverner n'connaichant rien du tout,
J'ai pris consel d'eun' femm' du voisinache,
Qui conduijot s'n homm' comme un p'tit toutóu.
   Cheull' bonn' gross' commère,
   D'êt' consulté', bien fière,
    D'un ton résolu,
  Tout aussitôt, m'a répondu :

   « N'obli' jamais, Liquette,
   Qu' pour nous in faire aimer,
   I faut savoir les m'ner,
   Chés homme', à la baguette.

» Là, comme in tout, ch'est l' premier pas qui coûte :
Sitôt mariée, à t'n homm' dit douchett'mint,
» In l' cajolant : « Ah ça ! Tintin, acoute :
Dins sin ménache eun' femm' dot t'nir l'argint. »
   I te l'laira faire,
   N'osant déjà t' déplaire,
   Et, quand te l' vodras,
 Pa' l' bout du nez te l' conduiras.

  » N'obli' jamais, Liquette,
  Qu' pour nous in faire aimer,
  I faut savoir les m'ner,
  Chés homme', à la baguette.

» Comme un infant qui jue avé s'n hochette,
Dès ch' moumint-là, te r'mueras ch' biau cadet,
Car, aïant *l' sac*, il est certain, fillette,
Qu'eun' femme est reine, et s'n homme un p'tit varlet.
   Comprinds bien ch' principe :
   I n' peut ni feumer s' pipe,
   Ni boire un canon,
 Ni s' fair' raser sans t' permission.

  « N'obli' jamais, Liquette,
  Qu' pour nous in faire aimer,
  I faut savoir les m'ner,
  Chés homme', à la baguette. »

» I faudra bien, pourtant, dimanche' et fiêtes,
Sans trop d' façon, li donner d' quoi payer,
Au cabaret, eun' douzain' de canettes,
Mais, te s'ras là, toudis, pou' l' surveiller.
      Sans r'douter ses r'proches,
      Faudra fouiller ses poches,
        Quand i dormira,
Pour ravoir l'argint qui rest'ra.

    » N'obli' jamais, Liquette,
    Qu' pour nous in faire aimer,
    I faut savoir les m'ner,
    Chés homme', à la baguette.

» Et pour tâcher qui n' devienn' point volache,
(Chés capons d'homme' i sont si capricieux !)
Fais-l' rhabiller par un fripier, et tâche
D' bien t'arringer pour li donner l'air vieux.
      Grâce à chés finesses,
      (L'air vieu' et point d'espèces),
      Ch'est l' roi des futés,
S'i t' fait des infidélités.

    » N'obli' jamais, Liquette,
    Qu' pour nous in faire aimer,
    I faut savoir les m'ner,
    Chés homme', à la baguette.

» T'aras bien soin d'êt' toudis bien r'quinquée,
Pour t'in aller, à deux, bras d'sus, bras d'sous ;
Par des lurons n' crains point d'êt' trop r'luquée,
I n'y-a point d' ma de l' rinde un peu jaloux.
  J'ai vu, dins m' jeunesse,
  Imployant ch' tour d'adresse,
  Qu'un cœur n'a du prix,
 Qu'autant qu'i court risque d'êt' pris.

  » N'obli' jamais, Liquette,
  Qu' pour nous in faire aimer,
  I faut savoir les m'ner,
  Chés homme', à la baguette.

» Et s'i t'arrive un jour eune algarade ;
S'i t' cach' dispute, i faut juer au pus fin :
Verse des larme', et, huit jours, fais l' malade ;
Dépins'-li tout, in méd'cine et méd'cin.
  Si te ju' bien ch' rôle,
  Mêm' sans dir' eun' parole,
  J'offre bien d' parier,
 Va, qu'i n'os'ra pus t' contrarier.

  » N'obli' jamais, Liquette,
  Qu' pour nous in faire aimer,
  I faut savoir les m'ner,
  Chés homme', à la baguette.

Pindant deux heure', infin, cheull' mach' commère,
M'a défilé sin cap'let, grain par grain,
Tout in m' dijant : « Ch'est les consels d'eun' mère,
Si te les suis, te n' t'in r'pintiras point. »
    J'ai dit : « Soyez sûre,
      Femm', que j' n'ai point l' tiêt' dure. »
    Et d' fait, sans m' vanter,
De l' leçon j'ai su profiter.

    Et j'ai vu, foi d' Liquette,
    Qu' pour nous in faire aimer,
    I faut savoir les m'ner,
    Chés homme', à la baguette.

MES PORTRAITS.

Air de P'tit-Price. (3ᵉ volume.)

(Noté. — N° 5.)

Quand un peintre vot min visache,
I pins' qu'i m' croqu'ra facil'mint ;
Et si j' li dis : « Vite, à l'ouvrache,
Pour fair' min portrait jolimint. »
Avecque l' pus grande assurance,
I prétind qu' cha s'ra bien tapé...
I s' flatt' d'attraper m' ressemblance,
Mais ch'est li qui s' trouve attrapé.

    N'y-a point d'homme in France,
    Comm' mi, vous l' direz,
    Aïant si peu d' chance
    Avec ses portraits.

Quand, pou' l' premièr' fos, j' l'ai fait faire,
J'éto' à Caen, in garnison.
Ch'étot pour consoler m' bonn' mère,
Triste de n' pus vir sin garchon.
Hélas ! min visache in peinture,
Etot si différint du mien,
Qu'ell' m'a seul'mint r'connu, j' vous l' jure,
A m'n habit d' soldat-musicien.

    N'y-a point d'homme in France,
    Comm' mi, vous l' direz,
    Aïant si peu d' chance
    Avec ses portraits.

J' l'ai fait fair' par un lithographe...
I m'a donné l' teint blanc d'un mort.
J' l'ai fait fair' par un photographe... (*)
Ah ! ch'ti-là, ch'est incor pus fort :
I n'a d' vrai qu'un air de famille,
Car, au dir' de tous mes voisins,
Rassemblés pour vir cheull' guénille,
Ch'est l' vif portrait d'un d' mes cousins.

    N'y-a point d'homme in France,
    Comm' mi, vous l' direz,
    Aïant si peu d' chance
    Avec ses portraits.

(*) Le vrai peut quelquefois n'être pas vraisemblable.

Un jour, ch'est bien eune aute affaire,
Je r'chos l' visit' d'un biau luron,
Qui s' dit sculpteur, et qui veut m' faire
Chin qu'il appélle un médaillon.
I parle d'esposer ch'l ouvrache
A l' vitrin' d'un marchand d' papier...
In mi-même, j' dis : « Queu damache !
» Incore un qui veut m'estropier ! »

    N'y-a point d'homme in France,
    Comm' mi, vous l' direz,
    Aïant si peu d' chance
    Avec ses portraits.

I l' fait vite, et l' plache à l' vitrine.
Je m' mets derrière un tas d' curieux
Qui ditt'nt : « Cristi, ch'est bien là s' mine !
» Il est frappant !... » Mi, tout joyeux,
In d'mandant : Qui qu' ch'est ? je m' rapproche...
Chacun m' répond, d' méchante humeur :
« A moins d'avoir ses yeux dins s' poche,
On dot bien vir que ch'est l'Imp'reur ! ! ! »

    N'y-a point d'homme in France,
    Comm' mi, vous l' direz,
    Aïant si peu d' chance
    Avec ses portraits.

In vérité, ch'est bien cocasse :
Je m' vos queq'fos brun, queq'fos blond;
Sur l'un, j'ai l' nez comme un pot d' tasse,
Sur l'aute il a six pouces d' long.
L'aut' jour on m'a fait l' dije-huitième,
Mais, pour tacher qu'on n' s'abuss' pus,
Et qu'on l' prenne, infin, pour mi-même,
J'ai pris l' parti d' mett' min nom d'sus.

  N'y-a point d'homme in France,
  Comm' mi, vous l' direz,
  Aïant si peu d' chance
  Avec ses portraits.

ENVOI.

Mais, l' pur' vérité forche m' voisse,
A dir' qu'un photographe in r'nom,
Qui reste dins l' ru' d'Ecrémoisse,
Et qu'on appell' Monsieur LYON,
A fait min portrait, pour einseinne.
On peut l' vir, il est accroché

Dins l' ru' du Curé-Saint-Etienne...
Ah ! ch'ti-là, ch'est mi tout craché !

 In veyant m' prestance,
 Mes yeux, tous mes traits,
 Chacun vante m' chance
 Avec mes portraits.

LE VIEUX CABARET.

Air nouveau de l'auteur.

(Noté. — N° 6.)

On n' f'ra bétôt pus d' différeince
Intre l' Café, l'Estaminet ;
Eun' Cantin', même, à l'appareince,
Peut passer pour un Cabaret.
Aussi, j' vas vous r'tracer l' modèle,
D'un vieux Cabaret d' no' pays,
Certain, si vous m' prêtez l'orelle,
Qu' vous direz comm' mi, mes amis :

V'là, trait pour trait,
L' portrait
Du vieux cabaret. (*Bis*).

Et d'abord, veyons l' devanture :
Elle est barbouillée au p'tit-blanc,
Mais l' bois'ri', pour mieux fair' figure,

Est pinte à l'huile, in vert brillant.
A l' porte vitrée, à l' ferniête,
(On n'in veyot point d'aut's dins l' temps),
Vettiez chés rideaux d' cotonnette,
A grands carreaux roug'-brique et blancs.

    V'là, trait pour trait,
        L' portrait
    Du vieux cabaret (*Bis*).

Introns-y. Veyons l' tapiss'rie :
I vous s'ra permis d'in doûter,
Mais ch'est l'ancienn' guerr' d'Italie
Qu'on a prétindu r'présinter.
Ch'est sûr, car, malgré qu'on y colle,
A chaque usure, un p'tit tassiau,
On découvre, su' l' Pont d'Arcole,
Bonaparte avec sin drapeau.

    V'là, trait pour trait,
        L' portrait
    Du vieux cabaret. *(Bis)*.

Mais quittez, des yeux, l' Pont d'Arcole,
Au plafond, min dogt vous conduit,
Pour vettier, dins s' petit' guéole,
Un canarien qui s' réjouit.

In acoutant canter cheull' biête,
Surtout n'obliez point l' pus biau :
Ch' petit Bacchus servant d' molette,
Assis grav'mint sur un tonniau.

   V'là, trait pour trait,
    L' portrait
   Du vieux cabaret. *(Bis)*.

Après cha, j' peux vous l' dir' sans craintes,
Vous pourmir'rez comme mi, mes gins,
Tous chés pots, chés canett's, chés pintes,
Si prop's qu'on vot sin portrait d'dins.
Vous r'marqu'rez, surtout, chés vaclettes,
Nuit et jour rimpli's d'un bon fu,
Et, pour débourrer les pipettes,
Ch' petit clo, à l' porte, peindu.

   V'là, trait pour trait,
    L' portrait
   Du vieux cabaret. *(Bis.)*

Mais l' leumièr' n'est point d' chés pus bielles ?..
 A cha, je n' vous dirai qu' deux mots :
Vettiez, d'ichi, chés tros candelles,
Brûlant dans des grands cand'lers d' bos.
Vous verrez, sans mett' des leunettes,

Quand eun' candelle a l' nez trop long,
Qu'on fait, d' ses dogts, des émouquettes,
Pour li coper sans pus d' façon.

 V'là, trait pour trait,
  L' portrait,
 Du vieux cabaret.

Allez-y dins l' cœur de l' semaine,
Vous n'y verrez qu' des habitués.
On in compte, au puque, eun' douzaine,
n deux sociétés, séparés.
Tout du long d' l'ainnée, à l' mêm' plache,
Avé l' mêm' plaisi, l' même ardeur,
Les six premiers jutt'nt au *mariache*,
Et les aute' au *piquet-voleur !*

 V'là, trait pour trait,
  L' portrait
 Du vieux cabaret.

Au mitan d'eusse, l' cabar'tière,
Est eun' poule avec ses pouchins.
Connaichant l' fond d' leu caractère,
Ell' les accable d' ses p'tits soins.
Dins l'hiver, ell' cuit des puns-d'-tierre
Et les offre à tout un chacun.

Pa' ch' moyen, comm' cha les altère,
Ell' vind deux pots d' bière au lieu d'un.

  V'là, trait pour trait,
   L' portrait
  Du vieux cabaret. *(Bis.)*

Ch'est aut' coss', les dimanche et fiêtes,
Autour de chés grand's table', assis,
Vous n' verrez, buvant leus canettes,
Qu' des gin' à visach's réjouis.
D'un grand cœur les intindant rire,
Pa' l' jus d'houblon émoustillés,
Vous n' porrez vous impécher d' dire
Qu'on trouve l' bonheur à peu d' frais.

  V'là, trait pour trait,
   L' portrait
  Du vieux cabaret. *(Bis.)*.

L' GRAINGNARD.

Air du Cousin Myrtil. (8ᵉ volume.)

(Noté. — N° 7.)

Eun' canchon a couru dins Lille,
Sur un homm' qu'on appell' Myrtil,
Et pourtant ch'l espèce d' Basile,
N'a d' l'esprit qu'au premier d'Avril.
Mi, j' viens vous parler d'un luron fort drôle,
Qui s'a fait r'marquer par pus d'un bon tour;
On peut dire d' li, qu' pour bien juer sin rôle,
I busit par nuit les farc's qu'i f'ra l' jour.

  Queu graingnard!
  Que ch' capon d' Gaspard.
  Mon Dieu! queu graingnard!   *(Bis.)*

Un dimanche, i rincontre eun' veufe,
Vielle et laide, un vrai purgatif!
I s' déclare, in dijant, pour preufe

De s'n amour : « Ch'est pou' l' bon motif. »
Accepté tout d' suite, à cheull' vieill' drôlesse,
Pindant pus d'un mos, prouve s'n amitié ;
Ch' n'est qu'in s'in allant pou' s' mette d' promesse,
Qu'i li fait savoir qu'il étot marié.

Queu graingnard !
Que ch' capon d' Gaspard.
Mon Dieu ! queu graingnard !   *(Bis.)*

A les noc's de m' cousine Adèle
Et d' Ritin, l'ancien postillon,
Il incrache avec eun' candelle,
Les crins d' l'archet du jueu d' violon.
Et ch' pauv' musicien, sourd comme eun' cravoche,
Ne s' doutant de rien, raclot d' tout sin mieux ;
I n' compernot point qu'ou n' bougeot point d' plache,
Malgré qu'i criot ferme : *In avant deux !*.

Queu graingnard !
Que ch' capon d' Gaspard.
Mon Dieu ! queu graingnard !   *(Bis.)*

In veyant que l' mariant s'apprête,
Ainsi que s' femme, à nous quitter,
Min farceu n' s'in va-t-i point mette,
Dins leus draps du poil-à-gratter !
Aussi ch' pauv' Ritin, i l' racont' li-même,

N'a point serré l'œul eun' minut' de l' nuit;
In s' grattant qu'au sang, i dijo' à s' femme :
« Mon Dieu ! combien d' puch's qui n'y-a dins tin lit ! »

   Queu graingnard !
   Que ch' capon d' Gaspard.
   Mon Dieu ! queu graingnard ! *(Bis.)*

 Eune aut' fos (queus les manigances !
  Ch'est vraimint d' pus for' in pus fort),
 Il invoie à ses connaissances,
  Des billets, pour annoncer s' mort.
A l'heure indiqué' pour que l' diable importe
A s' dernièr' mason, ch' roi des injoleux,
Avec grand fracas, v'là qu'il ouvre l' porte,
In riant de bon cœur comme un bienheuréux.

   Queu graingnard !
   Que ch' capon d' Gaspard.
   Mon Dieu ! queu graingnard ! *(Bis.)*

 Mais d' ses farces, v'là l' pus comique :
  In faijant ricdoule, un lundi,
 Avec des garchons de s' boutique,
  Au cabaret du *Coq-Hardi*,
I court, in much'-muche, à l'apothicaire,
Et puis, profitant de l' conversation,
I met du jalap dins les verr's de bière....
I n' faut point vous dire à queulle intintion.

Queu graingnard !
Que ch' capon d' Gaspard.
Mon Dieu ! queu graingnard ! (Bis.)

Mais, v'là l' pire, au bout d'eun' bonne heure,
Cheull' méd'cine a produit s'n effet.
In pinsant que l' bièr' les écœure,
Les chochons veutt'nt boir' du café.
Presque au mêm' moumint, chaque homme quitte s'table,
Et veut s'in aller du côté de l' cour,
Mais ch' mâtin d' Gaspard, pus malin que l' diable,
Avot fait serrer l' porte à doubel tour.

Queu graingnard !
Que ch' capon d' Gaspard.
Mon Dieu ! queu graingnard ! (Bis.)

Ah ! mes gins, si j' povos vous dire
Tous les tours qu'a fait ch'l homm' d'esprit,
Vous l' croirez, nous pass'rîme' à rire
Pus d' six semaine', autant l' jour que l' nuit.
Mais, de ch' malicieux, chin qu'i n'y-a d' cocasse,
Ch'est qu'on n' peut jamais savoir l'intintion,
Et qu' n'importe qui, veyant s'n air bonnasse,
N' porrot li r'fuser Dieu sans confession.

Queu graingnard !
Que ch' capon d' Gaspard.
Mon Dieu ! queu graingnard ! (Bis.)

L'AVARICIEUX.

Air du Manoqueux.

(Noté. — N° 8.)

Un homme d' min voisinache,
Pèr' Crasseux ch'est sin surnom,
A forche d' prêter sur gache,
A des écu' à foison.
Vous direz de ch' vieux basile,
Quand vous sarez tout comm' mi
Qu'on n' porot trouver dins Lille
Un pingre parel à li :

« Ah ! l'roi des avaricieux,
    Ch'est l' pèr' Crasseux ! *(bis)* »

Quoique s' fortun' li permette
D'acater des biell's masons,
I reste au fond d'eun' courette,
Et dins l' pus sal' des taudions...

Un poële, eun' table, eun' soupière,
Un vieux lit sans oriller,
Un grand banc servant d' cayère,
V'là l' pus biau d'sin mobilier.

Ah! l' roi des avaricieux,
    Ch'est l' pèr' Crasseux! *(bis)*

A l'vir avecque s' viell' veste,
Sin patalon rapièch'té,
Sin giliet, s' cravatte, et l' reste,
On li f'rot la charité.
De s' veste l'étoffe est forte,
Car, je l' dis sans badiner,
V'là l' vingtième ainné' qu'i l' porte,
Tout d'puis qu'il l'a fait r' tourner.

Ah! l' roi des avaricieux,
    Ch'est l' pèr' Crasseux! *(bis)*

Un jour qu'il avot fait faire
D'eun salopette, un cainn'çon,
Au tailleur, un pauv' grand-père,
I d'mande l' prix de s' façon.
— *Cha s'ra l'argint d'un pot d' bière,* (*)
Dit l' tailleur, mais l' vieux malin

(*) C'est-à-dire : 50 centimes.

Donn' huit sous, dijant : « Compère,
Vous irez l' boire à Lesquin. » (*)

Ah! l' roi des avaricieux,
    Ch'est l' pèr' Crasseux! *(bis)*

I sait chin qui fait, l' vieux rinse.
Les gins de l' répartition,
In l' jugeant sur l'appareince,
L'eximptent d' contribution.
Quand j' pins' que min quien *Fidèle*,
Qui n'a rien dins l'univers,
Est taxé d' cot' personnelle,
J' dis que l'mond' va tout d' travers.

Ah! l' roi des avaricieux,
    Ch'est l' pèr' Crasseux ! *(bis)*

A vingt ans, pour eun' fillette,
Si sin cœur a palpité,
Ch'est qu' l'amour est un grand maîte
Qui nous plie à s' volonté.
Mais l'avarice est l' pus forte,
Dins l' cœur d'un tel ostrogoth,

(*) A Lesquin, comme dans la plupart des communes des environs de Lille, la bière se vend 40 centimes le *pot* ou double litre. — Le trait de ce couplet est histor

Puisqu'il a mis s' femme à l' porte,
Prétindant qu'ell' maingeot d' trop.

Ah! l' roi des avaricieux,
　　Ch'est l' pèr' Crasseux! *(bis)*

Parlons-in de s' norriture :
S'i fait queq'fos du bouillon,
I n'imploi' jamais, j' vous l' jure,
D'aut' chair qu'eun' tiête d' mouton.
Mais l' pus souvint, s'n ordinaire,
Ch'est eun' pièch' de pain tout sec;
Quand i s' régale d' puns-d'-tierre,
Il aval' les p'lure' avec.

Ah! l' roi des avaricieux,
　　Ch'est l' pèr' Crasseux! *(bis)*

Avec un parel système,
I s'a défait l'estomac,
Comme eun' rappe il a l' teint blême;
Il est maigre comme un cat.
Croirez-vous que ch' platellette,
Qui, pourtant, craint bien d' morir,
Quand l' méd'cin n'ordonn' point l' diète,
I li dit de n' pus r'venir.

Ah! l' roi des avaricieux,
　　Ch'est l' pèr' Crasseux! *(bis)*

A quoi li sert d'êt' si chiche ?
I dot pourtant bien l' savoir :
Pour un mort, pauvre comm' riche,
Six pieds d' tierr', ch'est tout s'n avoir.
Quand i tourn'ra l'arme à gauche,
Et qu'i laira là s'n argint,
Ses héritiers f'ront bamboche
Et diront d'un air contint :

« Ah ! l' roi des avaricieux,
 Ch'est l' pèr' Crasseux ! » *(bis)*

L' PANA.

Air du Carnaval. (2ᵉ volume.)

(Noté. — N° 9.)

Rosette est heureuss' comme eun' reine,
Dins sin ménache, avé D'siré,
N'y-a qu'un n' séquoi qui li fait peine,
Ch'est d'avoir un garchon timbré.
Aussi, l'aut' jour, in buvant s' pinte
Avec Célina, l' femm' Chabot,
Elle a débité cheull' complainte,
Que j' m'in vas vous r'dir' mot pour mot :

« Ch'est bien triste, allez, Célina,
D'avoir un garchon si pana. »   } *Bis,*

« Figurez-vous que ch' grand basile
Ara dija-huit ans dins tros mos ;
Qu'il est ombrageux, pir' qu'eun' fille
Qui va danser pou' l' premièr' fos ;
Car, s'il arriv' qu'eun' jeun' fillette,
A m' mason, jett' les yeux sur li,

I prind de l' poudre d'escampette,
Et va s' mucher derrièr' sin lit.

Ch'est bien triste, allez, Célina,
D'avoir un garchon si pana. »   } *Bis.*

« Au reste, on li fait croir' que l' diable
Est un carbonnier du Réduit,
Qui prind sin costume effroyable,
Quand sonne l' dernier cop d' minuit.
I crot qu' les soldat' ont des sabres
Pour écorcher les loups-garous,
Qui pouss' des poir's-cuit's su' les abres,
Et qu' les infants vienn'nt dins les choux. »

« Ch'est bien triste, allez, Célina,
D'avoir un garchon si pana. »   } *Bis.*

« Eun' fos, je l' mène à l' Comédie.
(Je n' sais quoi fair' pou' l' dégourdir),
Avant que l' pièche n' sot finie,
V'là-t-i point qu'i d'mande à partir.
Moutrant les acteur', i m' dit : « Mère,
Comm' mi, vous conviendrez du moins,
Qu' chés gins parl'ront mieux d' leu-z-affaire,
Quand i n'aront pus tant d' témoins. »

« Ch'est bien triste, allez, Célina,
D'avoir un garchon si pana. »   } *Bis.*

« Eun' aut' fos, j' li fais cheull' morale :
Au lieu d' briscader tout t'n argint,
Te d'vros faire eune éparnemale,
Et t'acater un rhabill'mint.
I suit min consel... Bielle avanche !
Aïant pris s'bourse, sans m' dir' mot,
I m' rapporte, par un dimanche,
Un vilain déguis'mint d' pierrot. »

« Ch'est bien triste, allez, Célina,   ⎫
D'avoir un garchon si pana. »   ⎬ *Bis.*
                            ⎭

« Un jour que m'n homme avot fait prousse,
Aïant, d' l'amour, un r'venez-y,
I m' cajol', m'imbrass', mi j' le repousse,
Autant pour fair' durer l' plaisi.
Vettiant pa' l' ferniêt', min jocrisse
Crot bonn'mint que j' veux me r'biffer...
Est-ch' qui n' court point quèr' la police,
Dijant qu' sin pèr' veut m'étouffer. »

« Ch'est bien triste, allez, Célina,   ⎫
D'avoir un garchon si pana. »   ⎬ *Bis.*

« Heureus'mint qu'un n' séquoi m' console,
Ch'est qu'quand s'vingtième ainné' sonn'ra,
L' gouvernemint prindra min drole,
Et l' régimint l' délicot'ra...

Eh ben ! quoich' que j' viens d' dir', commère
Quoi ! faudrot m' séparer d' min fieu !
Non, non, avant tout, j' sus bonn' mère ..
Pernez que j' n'ai rien dit, mon Dieu ! »

« Quoiqu' ch'est triste, on in conviendra, ⎫
D'avoir un garchon si pana. »   ⎬ *Bis*

L'HÉRITIER,

Air nouveau de l'auteur

(Noté. — N° 10.)

Que j' vous raconte eune affaire :
L'aut' jour, à l'heur' du goûter,
Je r'chos l' visit' d'un notaire,
Qui m' dit que j' viens d'hériter
D'un cousin mor' au Mexique,
Et que j' n'ai jamais connu.
Aussitôt j' quitte m' boutique
Pour aller r'chevoir min dû.

 Pus d' tristesse !
 A l' richesse,
Infin me v'là parvenu.
J'ai deux mill' francs de r'venu !   *(Bis)*.

Avec cheull' fortun' rond'lette,
J' porai m' continter sur tout.
D'abord, j'arai pour toilette,
Des habits du dernier goût.
Dins mes mains, j' verrai donc r'luire,
Chin qui faijot m'n ambition,
Et que d'puis quinze ans, j' désire :
Eun' monte à répétition !

  Pus d' tristesse !
  A l' richesse,
Infin me v'là parvenu.
J'ai deux mill' francs de r'venu ! *(Bis)*.

Pour norriture ordinaire,
J' n'ai connu que l' lait-battu,
Les poir's-cuite' et les puns-d'-tierre.
Aussi, comm' j'in sus r'battu !
Je n' maing'rai pus qu' des côt'lettes,
Des friture' et du gambon,
Du lapin et des om'lettes...
Pour mi n'y-ara rien d' trop bon.

  Pus d' tristesse !
  A l' richesse,
Infin me v'là parvenu.
J'ai deux mill' francs de r'venu ! *(Bis)*.

On m' verra, les jours de fiête,
M' donner tout's sortes d' plaisi..
In caroche, in vinaigrette,
Je m' f'rai rouler, Dieu merci !
Min cœur saute d' joie, quand j' pinse,
Qu' chaque ainnée, au carneval,
Avec un déguis'mint d' prince,
J' f'rai l'admiration d'un bal.

 Pus d' tristesse !
 A l' richesse,
Infin me v'là parvenu.
J'ai deux mill' francs de r'venu ! *(Bis)*.

A Célina Biauvisache,
Que j' fréquente d'puis deux ans,
Chaq' fos que j' parle d' mariache,
J'ai pour réponse : « On a l' temps ! »
Mais ch'est fini, quoique j' l'aime !
Je n' li dis pus rien là-d'sus...
Elle y viendra bien d'ell'-même,
Quand j' f'rai cliquer mes écus.

 Pus d' tristesse !
 A l' richesse,
Infin me v'là parvenu.
J'ai deux mill' francs de r'venu ! *(Bis)*.

Un n' séquoi m' paraît cocasse,
Ch'est qu'avant, pour complimint,
On m' traitot souvint d'~bonnasse,
Et qu'à ch't heure, ah! queu cang'mint!
Si j' raconte eun' drôl' d'histoire,
Autour de mi tout l' mond' rit,
Tell'mint que j' sus tenté d' croire
Que j' viens d'hériter d' l'esprit.

  Pus d' tristesse!
  A l' richesse,
Infin me v'là parvenu.
J'ai deux mill' francs de r'venu!   *(Bis)*.

Chaq' fos qu' j'arai l' connaissance
Qu' des brav's gins sont dins l' tourmint,
J' porai, grace à m'n héritance,
Leu porter du soulag'mint.
Ah! je l' sins, je n' sus point chiche,
Du malheureux j' s'rai l' soutien.
A quoi servirot d'êt' riche,
Pou' n' point faire un p'tit peu d' bien?

  Pus d' tristesse!
  A l' richesse,
Infin me v'là parvenu.
J'ai deux mill' francs de r'venu!   *(Bis)*.

Et quand j'arai fini d' rire,
In honneur, on m'intierra.
Par mill' billets, on l' f'ra dire,
Et l' gazett' mêm' l'annonc'ra.
On m' f'ra faire eune épitaphe,
Et chaq' passant lira d'sus,
Avec des faut's d'ostographe,
Mes qualités, mes vertus !

    Pus d' tristesse !
    A l' richesse,
Infin me v'là parvenu.
J'ai deux mill' francs de r'venu !   *(Bis)*.

COMPLAINTE D'UNE VEUVE.

Air nouveau de l'auteur.

(Noté. — N° 11.)

Mari'-Rose l' verdurière,
In veyant, l'aut' jour, Lisa,
Triste comme un verr' sans bière,
Li d'mand' viv'mint chin qu'elle a.
Lisa, qu' cheull' quession suffoque,
Pinse à sin sort malheureux,
Ell' prind sin moucho, eun' loque,
Et dit, ressuant ses yeux :

« Ah ! j'ai, bonn' Mari'-Rose,
Perdu m'n homm' si bon, si biau,
J'ai perdu l' pus biell' rose
    D' min capiau ! »

« Ah ! ch'étot bien l' roi des hommes !
Su' l' rapport du naturel,
A l'époque ùch' que nous sommes
On n' trouv'rot point sin parel;
Il avot tou' in partache:
Ch'étot l' mouton pou' l' bonté,
Un lion d'Afriqu' pou' l' corache,
Azor pou' l' fidélité.

Allez, bonn' Mari'-Rose,
Perdant m'n homm' si bon, si biau,
J'ai perdu l' pus biell' rose
    D' min capiau.

« Sur tout point, volant m' complaire,
Au point du jour i s' levot,
Et, l' café, s' metto' à faire,
Ch' n'est qu'après qui m' réveillot.
D'un ton pus douch' que de l' crême,
I m' dijot : « Bonjour Lisa !
Tiens, bos tin café, p'tit' femme,
Bos tout caud, cha t' révell'ra ! »

Allez, bonn' Mari'-Rose,
Perdant m'n homm' si bon, si biau,
J'ai perdu l' pus biell' rose
    D' min capiau. »

« On sait qu'eun' femm' de ménache,
Quand elle a des p'tits infants,
Pass' bien des nuits sans dormache,
Qu'elle a pus d' pein' que d' bon temps.
Là-d'sus j' n'avos point d' misère.
Même au moumint d' les sévrer,
Ch' n'étot point mi, mais leu père,
Qui s' levot pour les bercher.

Allez, bonn' Mari'-Rose,
Perdant m'n homm' si bon, si biau,
J'ai perdu l' pus biell' rose
    D' min capiau.

« I leu donnot leu chuchette,
Du lait-bouli au chuc gris...
I cantot : *Dodo ninette !*
Pour tacher d' calmer leus cris...
Su' ch' temps-là, comme eun' marmotte,
Mi, j' dormos, et, j' m'in souviens,
Queq'fos, j' rêvos, comme eun' sotte,
Qu' tous les homm's chés des vauriens.

Allez, bonn' Mari'-Rose,
Perdant m'n homm' si bon, si biau,
J'ai perdu l' pus biell' rose
    D' min capiau.

« Nous avim's quinze ans d' mariache,
Et dins ch'l espace assez long,
Jamais m'n homm' n'a fait tapache,
Et n' m'a dit pus haut qu' min nom.
Quand i m' veyot dins l' tristesse,
Pour un rien, vingt fos par jour,
I m' dijot chés mots d' tendresse :
Min p'tit quin, m' petit' moumour !

Allez, bonn' Mari'-Rose,
Perdant m'n homm' si bon, si biau,
J'ai perdu l' pus biell' rose
    D' min capiau.

« Quand j' pins' qu'un catarrhe, eun' tousse,
A détruit tout min bonheur,
J' brais mes yeux déhors, et j' pousse
Un gros soupir qui m' find l' cœur... »
Mari'-Rose, à cheull' parole,
Dit queq's mots d' consolation,
Mais Lisa, que rien n' console,
In tahütant, li répond :

« Taijez-vous, Mari'-Rose,
Perdant m'n homm' si bon, si biau,
J'ai perdu l' pus biell' rose
    D' min capiau. »

AÏE-IAE-IAÉ!!!

Air nouveau de l'auteur, avec refrain imitatif.

(Noté. — N° 12.)

Sur un mot de l' langu' françaisse
Et du quartier Saint-Sauveur,
Qui nous sert presque sans cesse,
Dins l' plaisi, comm' dins l' douleur,
Un jour, étant tout chagrin,
J'ai fabriqué ch' petit r'frain :

  Aïe-iae-iaé !
   Aïe-iaé !
  Aïe-iae-iaé !
   Aïe-iaé !

L'infant d'un duc, d'eun' princesse,
D'un roi et mêm' d'un imp'reur,
Tout comm' l'infant d'eun' pauvresse,
D'un cordonnier, d'un tailleur,
Dins ch' monde arrivant tout nu,

N' cri'-t-i point comme un perdu :

  Aïe-iae-iaé !
   Aïe-iaé !
  Aïe-iae-iaé !
   Aïe-iaé !

Et nos femm's, si bonn's, si douches,
Quand i s'agit d' leus p'tits gins,
In supportant des angouches,
Pir' qu'eun' douleur de ma d' dints,
Combien d' fos n'ont-ell's point dit,
In s' tordant sur un calit :

  Aïe-iae-iaé !
   Aïe-iaé !
  Aïe-iae-iaé !
   Aïe-iaé !

Quand un sot, qui n' sait point s' taire,
Nous mafle deux heur's de long,
A vanter sin savoir-faire,
In s' gonflant comme un ballon,
N'osant point l' traiter d' colas,
On s' continte d' dir' tout bas :

  Aïe-iae-iaé !
   Aïe-iaé !
  Aïe-iae-iaé !
   Aïe-iaé !

Quand un garchon fait l' bêtisse
De s' mett' dins l' grand régimint,
Veyant que s' femme est novice,
Sin cœur saute d' contint'mint.
Mais sin bonheur est flétri,
S'i n'intind point ch' petit cri :

   Aïe-iae-iaé !
   Aïe-iaé !
   Aïe-iae-iaé !
   Aïe-iaé !

Mais vous avez l'air de dire
Qu'i n'y-a point grand ma là-d'dins,
Et qu'on a raison d'in rire...
Chacun sin goût, mi j' prétinds,
Sans voloir vous contrarier,
Qu'on est heureux d' fair' crier :

   Aïe-iae-iaé !
   Aïe-iaé !
   Aïe-iae-iaé !
   Aïe-iaé !

Quand j' rincontre eun' Sainte-Mitouche,
Je l' pinche... Ell' crie : Aïe-iae-iaé !
Mais je r'double... et l' fauss' pigouche,
Dit pus douch'mint : Aïe-iae-iaé !

Si j' l'imbrasse à l' doubel mort,
Ell' répète incor moins fort :

   Aïe-iae-iaé !
   Aïe-iaé !
   Aïe-iae-iaé !
   Aïe-iaé !

Infin, n'y-a point d'homm' qui vive,
Qui n'a dit ch' mot si fameux.
Si, quand au monde, on arrive,
On l' pouss' comme un cri d' furieux.
On n' peut point non pus l' quitter,
Sans tristemint répéter :

   Aïe-iae-iaé !
   Aïe-iaé !
   Aïe-iae-iaé !
   Aïe-iaé !

MON VOYAGE A ARRAS.

DÉDIÉ A L'ORPHÉON TYPOGRAPHIQUE DE CETTE VILLE.

Air : V'là c' que c'est qu' d'aller au bois.

(Noté. — N° 13.)

Des gins d'Arras, pou m' fair' canter,
Par eun' lett' sont v'nus m'inviter.
A cha, je n' peux point résister,
    Aussi, j' prinds m' musique,
    Sans faire eun' réplique,
Et, tout joyeux, comme un pinchon,
Je m' lance aussitôt dins l' wagon. } *Bis.*

De l' vapeur, j'intinds l' dernier cri,
Qui m'annonce l' trajet fini !
Mais, me v'là tout comme ahuri,
    Dins l' débarcadère,
    D' vir un commissaire
Qui m' dit : Ch'est vous ! j' vous ai r'connu ! »
Et ch' luron n' m'avot jamais vu. } *Bis.*

J' li réponds : « Monsieu le Président,
Pour mi j' n'in peux point dire autant.
Si vrai qu' vous ête' un bon infant,
  Là ! sans gasconnades,
  Vous, vos comarades,
J' vous aros bien laichés tertous,   } *Bis.*
In plein jour, étranner des loups ! »

Là-d'sus, v'là que l' Commission rit.
Bon, qu' je m'dis, ch'est des gins d'esprit !
Comm' pour prouver chin qu' j'avos dit,
  Tous chés commissaires,
  Rimplis d' bonn's manières,
M'ont conduit comme à l' procession,   } *Bis.*
Tout jusqu'à l'*Hôtel du Griffon.*

Tout d' puis l' bouillon jusqu'au dessert,
On n'a point parlé du Concert.
In m' veyant régalé d' chou vert,
  D'ongnon' et d' côt'lette,
  D' biffteck et d'om'lette,
Je m' dijos, tout décoragé :   } *Bis.*
« Je n' gaingn'rai point chin qu' j'ai maingé ! »

Car, je n' crains point de l' déclarer,
Quand min tour a v'nu d' roucouler,

A Lill' j'aros volu filer...
  J' craingnos, Dieu m' pardonne,
  Qu'on n' jette eun' couronne...
Garni' d' carotte' et d' cornichons,　　　　} Bis.
A l' tiêt' du pauv'. faijeu d' canchons.

Quand j' m'ai mis tout près du piano,
Min cœur faijot l' bruit d'un martiau,
Min sang étot pus frod que d' l'iau,
  J' trannos les guinguettes,
  Tant qu' j'avos les v'nettes ;
J'étos bien certain d' rester court,　　　　} Bis.
Au premier couplet d' *Manicour !*

Ah! qu'elle étot sotte m' frayeur !
Comm' des vrais infants d' *Saint-Sauveur*,
Tous chés Artisiens, d'un bon cœur,
  Ont ri de m' pasquille,
  Et, d' fil in aiwuille,
A la fin d' chaq' couplet, j' pinsos　　　　} Bis
Qu'i n'y-avot d'vant mi qu' des Lillos.

Si *Manicour* a fait plaisi,
Croqsoris l' l'a bien fait mieux qu' li.
Myrtil et l' *Broqu'let* d'aujordhui

Ont fait brair' de rire...
　　Infin, j'ose l' dire,
On a claqué des mains bien fort, ⎫ *Bis.*
A m' canchon su' *les Lingots d'Or !* ⎭

A ch' biau jour-là, j' busis toudis,
Mais, surtout, si j' m'in réjouis,
Ch'est d'avoir trouvé dins ch' pays
　　Des vrais comarades,
　　Des bonn's imbrassades,
Pour mieux dir', d'avoir importé ⎫ *Bis.*
Des cœurs, d'Arras, in quantité. ⎭

LA BABILLARDE.

Air nouveau de l'auteur.

(Noté. — N° 14.)

« Les femmes d' min quartier sent vraimint bien cocasses,
I faittent des cancans,
Sur les p'tits comm' les grands,
Sur les bons, les méchants, les malins, les bonnasses,
Mais, v'là min déplaisi,
Ch'est qui ditt'nt que ch'est mi.
Mi qui n' pins' qu'à m'n ouvrache,
A soingner min ménache,
Et qui n' dis jamais rien
Su' min prochain, ni ma, ni bien.

On m'appell' babillarde,
Cancanièr', bavarde !
Vrai, je n' sais point pour queull' raison.
Non, non, non ! »

« Pourtant, si je l' volos, j'in diros bien des drôles,
   Car chés femm's, tous les jours,
   Faittent des drol's de tours.
I n' pins'tent qu'à d'viser, à dir' des fariboles,
   A s' donner du plaisi,
    L' saim'di comme l' lundi.
    On vot chés crass's commères,
    In parlant d' leus misères,
    Gopsiner, châq' matin,
  La goutte avec eun' croût' de pain.

    On m'appell' babillarde,
    Cancanièr', bavarde !
  Vrai, je n' sais point pour queull' raison.
    Non, non, non ! »

« Quoich' que vous in direz d' chés bonn's mèr's de famille,
   Qui s'in vont godailler,
   A l' cantine, au graissier ?
On a fait tout esprès pour euss' les sall's d'asile.
   Il' y mett'nt leus infants,
   Qui n'ont point mêm' deux ans.
   Comm' cha, rien n' les arrête,
   Pour faire l' camanette,
   Pour aller cancanner,
  Tros heur's de long, au lieu d' trimer.

    On m'appell' babillarde,

Cancanièr', bavarde !
Vrai, je n' sais point pour queull' raison.
Non, non, non ! »

Je m' fais du méchant sang quand j' vos tous chés drôlesses,
Boir' souvint du café,
Tros quat' fos récauffé.
Surtout quand j' les intinds raconter leus tristesses;
D'un ton à fair' frémir,
Pir' que l' mort d'un martyr.
Pour mi j' n'ai jamais d' craintes,
Quand il' ont fait leus plaintes,
On les intind canter,
Brailler jusqu'à s'égosiller.

On m'appell' babillarde,
Cancanièr', bavarde !
Vrai, je n' sais point pour queull' raison.
Non, non, non ! »

« Profitant d' l'occasion, si n'y-a dins l' voisinache,
Deux gins qui vont brav'mint
S' mett' dins l' grand régimint.
A l' sorti' de l' commune, on va crier : Mariache !
Et dir' su' les mariants
Les mots les pus méchants.
Mêm', d'eune humeur atroce,

D'ête évité de l' noce,
Tous les gins qu'il y sont,
A les intinde, n' sont rien d' bon.

On m'appell' babillarde,
Cancanièr', bavarde !
Vrai, je n' sais point pour queull' raison.
Non, non, non ! »

« Infin, deux jours sur tros, ch'est toudis l' mêm' touillache.
On cante, on danse, on rit,
Et l' bourse on dégarnit.
Comm' l'horloge a marché sans qu'on pinse au ménache,
Pus d'un homm', lass' d'ouvrer,
Va s' coucher sans souper...
Mais ch' n'est point là m'n affaire,
J' veux continuer à m' taire,
Et min prochain, laicher
Fair' sin lit comme i veut s' coucher.

On m'appell' babillarde,
Cancanièr', bavarde !
Vrai, je n' sais point pour queull' raison.
Non, non, non ! »

N'obliez, point mes gins, qu' dins l' canchon que j' viens d' dire,
J' n'ai qu' donné l'opinion
D'eun' méchant' vieill' dondon.

Pour mi, juste avant tout, bien rar'mint j' trouve à r'dire,
    Sur les gins d' Saint-Sauveur,
    Que j' porte au fond du cœur.
    Tant qu'à cheull' viell' grippette,
    Que j' viens d' mett' su' l' sellette,
    Elle a tous les défauts,
Qu'à chés pauv's femme' ell' met su' l' dos.

    On l' l'appell' babillarde,
    Cancanièr', bavarde...
Ah! vraimint, ch' n'est point sans raison.
    Non, non, non!

ON N' PEUT PUS CROIRE A RIEN.

Air du Testamint (3ᵉ volume).

(Noté. — N° 15.)

On m'a dit qu' du temps d' nos grands-pères,
Quand on volot savoir l'av'nir,
In consultant des viell's sorcières,
On savot vite à quoi s'in t'nir.
  Mon Dieu! queu cang'mint
Qui s'a fait dins les caractères !
  On n' sait pus, seul'mint,
La vérité su' l' temps présint.
  Ah! pour mi, j'vos bien,
Mes gins, qu'on n' peut pus croire à rien. } *Bis.*

Monsieur Babinet (*), j' l'imagine,
Est pus savant qu' Mathieu-Lansberg.

(*) On se rappellera peut-être que M. Babinet, le célèbre-météorologiste, a prédit dans *les Débats* que l'hiver 1858-1859 serait des plus rigoureux, et que, plus tard, reconnaissant l'inexactitude de ses pronostics, il a déclaré de bonne grâce, dans le même journal, « *qu'il étoit las de son métier d'astrologue.* »

Un jour, i nous fait triste mine,
Pour nous prédire un rude hiver...
  In plein mos d' janvier,
On a vu pousser l' noble-épine,
  Et pus d'un rintier,
A bras nus, faire l' gardinnier.
  Ah! vous veyez bien,   } *Bis*
Mes gins, qu'on n' peut pus croire à rien. }

Avant de s' marier, m' sœur Rosette,
Craingnant d'avoir un libertin,
Fait, par tros fos, tirer s' planète,
Qui li promet pus d' burr' que d' pain.
  Aussi, je l' conços,
Ell' se mari', cheull' pauv' fillette,
  Avec Grand-François,
Qui fait ribott' six fos par mos.
  Ah! vous veyez bien,   } *Bis*
Mes gins, qu'on n' peut pus croire à rien. }

Un pauv' diable d' min voisinache,
De s' vir sans pain, brayot d' bon cœur.
Avec dix sous, je l' rinds bénache;
I m' dit : « Cha vous port'ra bonheur! »
  Du mêm' jour au soir,
Tout seu, m'in r'venant de m'n ouvrache,
  Bourlant su' l' trottoir,

J'attrape eun' bielle œul au burr' noir.

 Ah! vous veyez bien,
Mes gins, qu'on n' peut pus croire à rien. } *Bis.*

Au moumint de l' fameuss' lot'rie
Qu'on a fait pour des Lingots d'or,
Par eun' biell' nuit, j'ai eun' rêv'rie
Qui m'annonce l' gain de ch' trésor.
 J'ai pris vingt billets,
In ingageant nippe' et lit'rie...
 Malgré chés grands frais,
Hélas! tout m'a passé d'zous l' nez.

 Ah! vous veyez bien,
Mes gins, qu'on n' peut pus croire à rien. } *Bis.*

On m'a dit chint fos, d' part et d'aute :
« Pour juer du violon comme i faut,
Et faire incor pus d'eun' fauss' note,
Quinze ans d'étude ch' n'est point d' trop. »
 Et v'là qu' nous veyons
Deux p'tit's fill's (*), point pus haut's qu'eun' botte,
 Fair' l'admiration
Du monde intier, su' leu violon!

 Ah! vous veyez bien,
Mes gins, qu'on n' peut pus croire à rien. } *Bis.*

(*) Juliette et Julia Delepierre.

Infin, tantôt, j' m'ai mis dins l' tiête
D' roucouler cheull' petit' canchon,
In pinsant qu'on l' trouv'rot bien faite,
Et qu'on m'applaudirot tout d' bon.
  Pour à ch't heur', me v'là
Forché d' dir' qu'é' n' vaut point tripette,
  Car, vous restez là,
Les bras ballants, au lieu d' fair' cha :
  (Le chanteur bat des mains.)

  Ah ! vous veyez bien,   ⎫
Mes gins, qu'on n' peut pus croire à rien. ⎬ *Bis.*
            ⎭

LE VIEUX FRIPIER.

Air nouveau de l'auteur.

(Noté. — N° 16.)

Un jour, su' l' fripier qui brocante
Sur tout ch' qui peut s'imaginer,
J' dirai chin que j' sais, car cha m' tente.
Pour aujord'hui j' veux vous parler
  Du vieux fripier-modèle,
  Au temps passé, fidèle,
  Du vieux fripier qui n' vind
  Qu' des affair's d'habill'mint.

Vous povez dir' sans gêne,
Sans craint' de m' fair' de l' peine,
Si j' n'ai fait qu'estropier
L' portrait du vieux fripier.

On vot, suspindus d'vant s' boutique,
Et baloché par tous les vints,
Des habits d' soldats d' la Belgique,
Des habill'mints d' Russe' et d' Prussiens,

Des démisses d' pupilles,
D' zouaves, d' gardes-mobiles,
Et d' bien des aut's guerriers
Rintrés dins leus foyers.
Vous povez l' dir' sans gêne,
Sans craint' de m' fair' de l' peine,
Si j' n'ai fait qu'estropier
L' portrait du vieux fripier.

Et dins s' boutiqu', ch'est l' même affaire :
Tout près d'eun' veste d' païsan,
On vot l'habit d'un homm' de guerre,
Et l' mantiau d'un marchand d' faltran.
Patalons, salopettes,
Habits, carrick', houzettes,
Mantiaux, crispins, cabans,
Costumes d' charlatans.
Vous povez l' dir' sans gêne,
Sans craint' de m' fair' de l' peine,
Si j' n'ai fait qu'estropier
L' portrait du vieux fripier.

Introns, i n'in coût'ra que l' vue :
V'là des veste' à manche' à gigots,
Des habits noir' à queu' d' morue,
A ch't'heur' si drôl's, dins l' temps, si biaux.
Patalons d' printanière,
Giliet' à la ch'valière

Avec vingt-huit boutons,
Tout in cuive et tout ronds.

Vous povez l' dir' sans gêne,
Sans craint' de m' fair' de l' peine,
Si j' n'ai fait qu'estropier.
L' portrait du vieux fripier.

A s' porte, assis sur eun' cayère,
L' fripier arringe un patalon,
I l' frott' par devant, par derrière,
Avec eun' gross' tiête d' cardon.
 I n'y va point d' main-morte,
 Mais, si pernant d' cheull' sorte,
 Il espèr' qu'i r'trouv'ra
 Tout l' poil qu'a perdu l' drap.
Vous povez l' dir' sans gêne,
Sans craint' de m' fair' de l' peine,
Si j' n'ai fait qu'estropier
L' portrait du vieux fripier.

Bah! s'il est usé jusqu'à l' corde,
I dira : « Ch'est tant qu'il est fin ! »
Justemint, t'nez, v'là qu'il aborde
Un païsan, qui s' crot malin.
 Ah! comme il l'intortille !
 I li vind cheull' guénille,
 Ch' patalon si râpé,
 Presque aussi quer qu'un nué.

Vous povez l' dir' sans gêne,
Sans craint' de m' fair' de l' peine,
Si j' n'ai fait qu'estropier
L' portrait du vieux fripier.

Eun' brav' femm', pour sin p'tit bonhomme,
Li d'mande un habit d' communion.
Faut' d'aute, il offre un habit d'homme ;
Ell' le trouv' trop largue et trop long.
    Mais li, pou' l' satisfaire,
    Li dit comm' cha : « P'tit' mère,
    Ta mieux, car i porra
    L' mett' quand i s' marîra ! »

Vous povez l' dir' sans gêne,
Sans craint' de m' fair' de l' peine,
Si j' n'ai fait qu'estropier
L' portrait du vieux fripier.

Toudis, pour injoler sin monde,
Il a des raisons comm' cheull'-là.
Veut-i s' défair' d'eun' veste ronde ?
I dit brav'mint : « On n' porte qu' cha. »
    I f'rot croir' qu'eun' capote
    Faite au temps d' Jeann'-Maillotte,
    A, n'y-a point pus d' deux ans,
    Fait fureur à Longchamps.

Vous povez l' dir' sans gêne,
Sans craint' de m' fair' de l' peine,

Si j' n'ai fait qu'estropier
L' portrait du vieux fripier.

Ch'est curieux de l' vir, les dimanches,
A s' porte, appélant les chalands.
Il arrête, i prind par les manches,
Et pa' l' collet, des païsans.
    Dins s' boutique, i les pousse.
    Euss', quoiqu'i sont in prousse,
    N'ont point l' cœur de filer,
    Sans li rien acater.

Vous povez l' dir' sans gêne,
Sans craint' de m' fair' de l' peine,
Si j' n'ai fait qu'estropier
L' portrait du vieux fripier.

Infin, ch' marchand, grâce à s' bonn' jappe,
Est l' boute-in-train des réunions.
Quand i peut rir', dire eune attrape,
I n'y manqu' point, j' vous in réponds.
    - On li rind la parelle,
    Souvint, car on l' l'appelle,
    Sans méchante intintion,
    Au lieu d' fripier, fripon.

Vous povez dir' sans gêne,
Sans craint' de m' fair' de l' peine,
Si j' n'ai fait qu'estropier
L' portrait du vieux fripier.

LES HOMMES-PICHONS.

Air : Vive l' crinoline.

(Noté. — N° 17.)

Parlons d'eun' drol' de parade
Qu'un étrainger, un monsieux,
A donné su' l'Esplénade,
L' Jeudi-Saint d' l'an soixante-deux.
I s' vantot qu'il allot faire,
Par eun' nouvielle invintion,
Marcher des gins dins l' rivière
Pus facil'mint qu'un pichon.

Ah! queull' drol' d'affaire!
Tant que l' mond' dur'ra,
Dins no' vill', j'espère,
On l' ramintuv'ra.

Il avot dit d'un air simple, (*)
Chin qui fait qu' tout l' mond' l'a cru,
Que l' premier v'nu, par eximple,
In plein' mer, arot povu
Mainger, feumer, boire, écrire,
Marcher vite et tout douch'mint,
Comm' dins sin lit, s'mette à lire,
Et s'indormir tranquill'mint.

 Ah! queull' drol' d'affaire !
 Tant que l' mond' dur'ra,
 Dins no' vill', j'espère,
 On l' ramintuv'ra.

I dijot mêm' qu'in temps d' guerre,
Toute eune armé' travers'rot
Eun' mer, un fleuve, eun' rivière,
Tout comm' si de rien n'étot;
Et qu' là-d'ssus, comm' sur eun' plaine,
On porot vir un p'loton
Manœuvrer, tirer, sans peine,
Des cops d' fusil et d' canon.

(*) « Les *appareils natatoires* et le *vêtement de natation* étant imperméables, on peut marcher et se promener dans l'eau, aussi facilement, aussi tranquillement et aussi paisiblement que sur terre; on peut y séjourner indéfiniment; on peut, étant au milieu de l'eau, écrire, dessiner, lire, manger, fumer, s'endormir, manœuvrer et tirer des armes à feu ou autres; on peut se mouvoir dans toutes les directions, soit en mer, soit sur un fleuve, sur une rivière, etc., etc. ».
   (*Extrait du programme de l'inventeur qui a fait
    une expérience à Lille, le* 17 *avril* 1862.)

Ah! queull' drol' d'affaire!
Tant que l' mond' dur'ra,
Dins no' vill', j'espère,
On l' ramintuv'ra.

Pour mi vir eun' tell' mervelle,
J'ai couru au rindez-vous,
Et, sans m' fair' tirer l'orelle,
J'ai déboursé vingt biaux sous.
J'aros mieux fait d' fair' bombance,
Et, d' couq'-baques m' régaler,
Car, je n' vard'ros point l' souv'nance
D' m'avoir laiché injoler.

Ah! queull' drol' d'affaire!
Tant que l' mond' dur'ra,
Dins no' vill', j'espère,
On l' ramintuv'ra.

Au bout d'eun' bonne heur' d'attinte,
On nous dit qu' cha va qu'mincher :
Dins l'iau, nous veyons déchinte
Un homm' qui prétind marcher.
In allant, l' courant l' l'intraine,
Cha va... mais, pour s'in r'tourner,
I n' bougeot point pus qu'eun' glaine,
Quand elle est in train d' couver.

Ah! queull' drol' d'affaire!
Tant que l' mond' dur'ra,

Dins no' vill', j'espère,
On l' ramintuv'ra.

Comme un diable dins l'iau b'nite,
I se r'muot l' malheureux.
A la fin, l' corache l' quitte,
I cri' d'un air tout péneux :
« Vite ! au s'cours ! miséricorde !
J'in peux pus !... » Tout l' mond' riot.
Infin, on li jette eun' corde...
Sans cha l' pauv' diable y restot.

   Ah ! queull' drol' d'affaire !
   Tant que l' mond' dur'ra,
   Dins no' vill', j'espère,
   On l' ramintuv'ra.

On in fait v'nir un deuxième :
I n' fait rien d' mieux que l' premier
On in fait v'nir un trosième :
Ch'est aussi pir' que l' dernier.
In deux mots, v'là l' savoir-faire
D' tous ches biaux marcheux dins l'iau :
Ni l'un, ni l'aute n' sait faire
Un tour pus vit' qu'un batiau.

   Ah ! queull' drol' d'affaire !
   Tant que l' monde dur'ra,
   Dins no' vill', j'espère,
   On l' ramintuv'ra.

V'là l' pus cocasse d' l'affaire :
(On n' porrot point l' croir', sans l' vir).
Chés homme', eun' fos dins l' rivière,
Tout seu n' povott'nt point sortir,
Car trop lourde est leu' casaque...
Si bien qu' pou l's avoir déhors,
Comme on n'avot point d' vindaque,
On imployot six homm's forts.

 Ah! queull' drol' d'affaire !
 Tant que l' mond' dur'ra,
 Dins no vill', j'espère,
 On l' ramintuv'ra.

Comm' vous l' pinsez bien, tout l' monde
Bisquot de s' vir attraper ;
Aussi chacun, à la ronde,
S'a donné l' plaisi d' chiffler
L'invinteu et l'interprisse...
Pour mi, me v'là bien appris.
A r'nifler eun' parell' prisse,
I f'ra bien caud quand j' s'rai pris.

 Ah! queull' drol' d'affaire !
 Tant que l' mond' dur'ra,
 Dins no' vill', j'espère,
 On l' ramintuv'ra.

L' VALET D' SOCIÉTÉ.

Air : Un homme né coiffé (3ᵉ volume).

(Noté. — N° 18.)

D'eun' biell' société d' malades, (*)
Grâce à Dieu, me v'là l' valet. (**)
J'in su' fier, mes comarades,
Quoiqu' l' nom d' valet m' déplaît.
Mais je n' m'in cass'rai point l' tiête,
Puisque ch' nom, parol' d'honneur,
N'est qu'eun' vilaine étiquette
Sur eun' étoffe d' valeur.

 Ch'est un homme d' qualité,
  Ah ! j' vous l' jure,
  J' vous l' l'assure,
 Ch'est un homme d' qualité,
 Que l' valet d'eun' société.

(*) Société de secours mutuels, appelée *société de malades*, parce que les secours ne sont délivrés qu'en cas de maladie.

(**) Les règlements modernes donnent à cet employé le titre de *receveur*, mais l'ancienne dénomination, *valet*, est restée en usage.

Il a l' drot d' mette à l'aminde, (*)
Tout sociétaire in défaut ;
Il a l' drot d'aller surprinde,
Comme un *matt'*, mieux qu'un *suppôt*,
A tout' minute, un confrère,
Qui, malade, étant s'couru,
Suivant l' règle, *n' peut rien faire*, (**)
Point mêm' tijonner sin fu.

    Ch'est un homme d' qualité,
      Ah ! j' vous l' jure,
      J' vous l' l'assure,
    Ch'est un homme d' qualité,
    Que l' valet d'eun' société.

Au cabaret, tout confrère,
Quoiqu' malade, à l' drot d'aller, (***)
Mais d' n'y boir' qu'eun' pint' de bière,
Aïant l' soin de n' point choquer,
Ni d'y faire eun' parti' d' cartes...
Si l' valet l' trouve in train d' juer,
Veyant qu' de l' règle i s'écarte,
Il a l' drot de l' faire biffer.

(*) Le receveur sera tenu de porter à l'amiande, tout confrère, etc. (Règlement de la *Société de Saint-Paul*, art. XXVII).

(**) Aucun infirme ne devra travailler hors de l'hôpital ; si on le trouve travaillant hors dudit hôpital, il sera biffé. (Idem, art. XLV.)

(***) Si un confrère malade ou blessé était trouvé dans un cabaret, buvant plus d'un demi-litre de bière, ou y jouant aux cartes par intérêt, il sera biffé. (Idem, art. XLIV.)

Ch'est un homme d' qualité,
  Ah ! j' vous l' jure,
  J' vous l' l'assure,
Ch'est un homme de qualité,
Que l' valet d'eun' société.

Allant chez les sociétaires,
Tous les dimanche' au matin,
Il a l'air d'un homm' d'affaires,
Avec sin *courard* (*) dins s' main.
Ch'est pour li marquer ses r'cettes,
Qui n' li donn'tent point grand ma,
Car on jett' par les ferniêtes,
Les quat' sous, qu'i met dins l' sa.
  Ch'est un homme d' qualité,
    Ah ! j' vous l' jure,
    J' vous l' l'assure,
  Ch'est un homme d' qualité,
  Que l' valet d'eun' société.

Ch'est vraimint l' pus biell' des plaches :
I r'chot, par tros mos, neuf francs,
Deux paires d' sorler' à daches,
Et un r'sem'lach' tous les ans.
A l' fiêt', jugez queulle affaire !
I s' fait, par un p'tit blason

(*) Nom du livre sur lequel le valet inscrit les recettes qu'il fait à domicile.

Qu'i donne à chaq' sociétaire,
Quinze à vingt francs tout compt' bon.

 Ch'est un homme d' qualité,
  Ah ! j' vous l' jure,
  J' vous l' l'assure,
 Ch'est un homme d' qualité,
 Que l' valet d'eun' société.

Au nouviel an, n'y-a d' quoi rire,
I leu-z-offre un armena,
Mais comm' gramint n'saitt'nt point lire,
I n' l'acceptent point, quoiq' cha,
Sans li r'fuser sin pour-boire...
Si bien qu'il a tout profit :
Pour chint confrère', on peut m' croire,
Eun' demi-douzain' suffit.

 Ch'est un homme d' qualité,
  Ah ! j' vous l' jure,
  J' vous l' l'assure,
 Ch'est un homme d' qualité,
 Que l' valet d'eun' société.

Ah ! ch'est un heureux compère !
Aïant r'chu, jamais donné,
Comme il est r'connu confrère, (*)

(*) Le receveur sera *reconnu confrère* après avoir payé l'espace de trois mois.... Quand un confrère viendra à mourir, sa femme ou son plus proche parent recevra *six francs, valeur de quatre messes*. (Idem, art. XXXVI et XV.)

Malade, il est aumoné.
Tout in r'chevant ses espèces,
Il a tous les écots francs...
A s' femm', pour fair' dir' quat' messes,
Quand i meurt, on donn' six francs.

   Ch'est un homme d' qualité,
      Ah! j' vous l' jure,
      J' vous l' l'assure,
   Ch'est un homme d' qualité,
   Que l' valet d'eun' société.

Aussi, pour avoir cheull' plache,
A huit on s'a présinté,
In faijant du r'mu-ménache
Tout comm' pour êt' député.
Je n' veux point m'in faire accroire,
Vanter m'n esprit, mes actions...
Si j'ai rimporté l' victoire,
Ch'est à forche d' protections.

   Ch'est un homme d' qualité,
      Ah! j' vous l' jure,
      J' vous l' l'assure,
   Ch'est un homme d' qualité,
   Que l' valet d'eun' société.

LES VINAIGRETTES.

Air de la Neige. (E. Debraux.)

(Noté. — N° 19.)

J'ai rincontré, l'aut' fos, Louis Brimbeux
Qui, d' puis trinte ans, est trainneu d' vinaigrette,
J' li dis : Cha va ? I m' répond cha va mieux
Qu'à l'agrippin, i n' faut point d' portelette !...
Rien qu'à ch' mot-là, j' vos qu'il est maj'mint pris.
  — Ah ça ! luron, quoi-ch' qui t'a tourné l' tiête ?
  I m' répond : « N'in sos point surpris,
  Car i n'y-a pus d' joi's ni plaisis,
  Pour un vieux trainneu d' vinaigrette. » *(Bis)*

« Dins l' bon vieux temps, avecque ch' métier-là,
Sans fair' fortune, on vivot dins l'aisance.
Quand on allot morir à l'hôpita,
Ch'est qu'on avot trop souvint fait bombance ;
N'y-avot point d' jour qu'on n' faijot ses deux r'pas
Avec du lard, du bouillon, des côt'lettes....

A ch't heur', lait-battu, rémolas,
Puns-d'-tierre, ch'est chin qui n'y-a d' pus gras,
Pour tous les trainneux d' vinaigrettes. » *(Bis)*

« Tout in ouvrant, qu'on avot d' l'agrémint,
S'il arivot chin qu'on appelle eun' veine ;
Quand i nous v'no' un nouviau régimint,
Tout l' garnison donnot cheull' bonne aubaine,
Car l'Alsacien, l' Berton et l' Provençal,
Trouvant, ch'est l' mot, nos caroch's fort *drôlettes*,
    L'officier comme l' caporal,
    Et l' tambour, même l' général,
    Huit jour' allott'nt in vinaigrettes. » *(Bis)*

« Qui n' se rappell' qu'à propos d'un banquet,
Des Parisiens sont v'nu' à pus d'un mille,
Et qu'il' ont ri jusqu'à s'estomaquer,
Quand il' ont vu les caroches d' no' ville.
Cheull' gaîté-là nous a fourni des sous !
Malheureus'mint, n'y-a toudis des arrêtes :
    Volant s' fair' trincballer tertous,
    Dins Lille et dins tous les fourbous,
    Il a manqué des vinaigrettes ! « *(Bis)*

Mais d' puis queq' temps, pour nous, pris d'amitié,
Tout l' monde s' dit : « Méchans cœurs que nous sommes,
Ch'est un horreur ! cha fait vraimint pitié,

De s' fair' conduire in caroch' par des hommes. »
Quand j'intinds cha, tout aussitôt j' réponds :
« Vaudrot-i mieux trainner sur eun' brouette,
            Au marqué, des glain's, des coulons;
            A l'abattoir, vaque' et cochons,
            Qu'au bal, eun' femme in vinaigrette? »

« A m' plainte, on dit : Mais ch'est d' l'humanité!
Je n' comprinds point l' fin mot de ch' biau langache,
L'humanité m'a déjà pris m' gaîté,
L'humanité m'a privé d' min gaingnache,
L'humanité réduira queq' matin,
Mes habill'ment' in berlière' in loquettes;
            L'humanité f'ra, ch'est certain,
            Avant deux ans, morir de faim,
            Tous les pauv's trainneux d' vinaigrettes. » *(Bis)*

« Uch' qu'il est l' temps qu'nous avîm's comme un r'gret
De n' point povoir, tout au mitan d' deux courses,
Faire eun' partie *à l' batalle, au piquet*,
Quand nous avîm's tant d'écus dins nos bourses.
Tout ch'ti qui passe à ch't heur' su' l' plach' de Riour,
Nous vot su' l' nez, des *drogue'* au lieu d' leunettes,
            Car nous faijons tout l'long du jour,
            Pour rien, quarant' parti's d' *pandour*,
            Au lieu d' trainner des vinaigrettes. »   *(Bis)*

« A l'intintion d' tous chés biaux p'tits nounoux,
Les rich's mamzell's, qui nous restott'nt fidèles,
Souvint, sans r'proch', nous allîme', inter-nous,
A Saint'-Cath'rin', brûler deux tros candelles.
Mais pour à ch't heure, hélas ! il est trop tard,
Un chacun l' sait, pour les nouvielles toilettes,
  Les crinoline' à fis d'acar,
  Les gross's tournure', et tout l' bazar,
  Faudrot grandir les vinaigrettes. » *(Bis)*

— Quoique j' n'ai point du tout l' même amitié,
Que ch' pauv' quertien, pour nos ancienn's caroches,
Dins ch' moumint-là, si j' l'avos contrarié,
Des gins d' bon sins, j' mérit'ros tous les r'proches.
Tout au contrair', de l' vir si débalé,
Au cabaret j' li paie eun' bonn' canette,
  Des pains-français, du p'tit-salé,
  Et pa' ch' moyen, j'ai consolé
  Ch' malheureux trainneu d' vinaigrette. *(Bis)*

L' MARQUIS D' BIELLE HUMEUR.

Air du Garchon d' Lille (3ᵉ volume).

(Noté. — Nº 20.)

Connaichez-vous l'vieux Clothaire,
Marchand d' puns-d'-tierre et d' carbon?
I faut que d' sin caractère
J' vous donne un échantillon.
J' n'espèr' point qu' cha vous f'ra rire,
Mais j' réponds qu' vous allez dire,
Que d' puis l' temps d' Mathieu-Salé,
Sin parel n'a vu l' solei.

Mon Dieu queu vilain modèle!
Ch'est pour cha, qu' su' Saint-Sauveur,
  On l' l'appelle
 L' Marquis d' Bieille-Humeur.

Quand un voisin, près d' li passe,
Et di', honnêt'mint : Bonjour !
Jugez si ch'l homme est cocasse,
Siept fos sur huit, i fait l' sourd.
Si quéqu'un, homm', femme ou fille,
Veut li parler d' s' famille,
Et s'informer de s' santé,
I se r'tourne d' l'aut' côté.

Mon Dieu queu vilain modèle !
Ch'est pour cha, qu' su' Saint-Sauveur,
    On l' l'appelle
L' Marquis d' Bielle-Humeur.

Quand on arrive à s' boutique,
I dit rud'mint : « Quoi- ch' qu'i faut ?
Hier, à ch' mot, Grosse-Angélique,
Li d'mand' tros sous d' carbon d' fau.
Ell' fait r'marquer, qu'à s' mesure,
I laiche eun' trop grand' bordure...
Min lourdiau répond comm' cha :
« Si t' n'in veux laiche-l' là. »

Mon Dieu queu vilain modèle !
Ch'est pour cha, qu' su' Saint-Sauveur,
    On l' l'appelle
L' Marquis d' Bielle-Humeur.

I faut vir, dins sin ménache,
Comme i sait s' faire r'douter !
Pour éviter sin braillache,
Ses gins n'os'tent point mouv'ter.
Cha n'impêch' point qui marronne ;
Qu'à chaq' minute y bertonne ;
Il a mêm' l'air de bisquer
Quand i n' peut rien critiquer.

Mon Dieu que vilain modèle !
Ch'est pour cha, qu' su' Saint-Sauveur,
    On l' l'appelle
L' Marquis d' Bielle-Humeur.

Mais l' matin n' s'in fait point faute.
I trouv' toudis l'occasion :
Quand on l' régal' d'eun' *mat'lotte*,
Il a l' dégoût du pichon ;
Qu'au burre, on cuije eune anwille,
I n'aim'ra que l' sauce à l'huile ;
Qu'on li faiche eun' soupe au lait,
I dira qu'ell' sint l' brûlé.

Mon Dieu queu vilain modèle !
Ch'est pour cha, qu' su' Saint-Sauveur,
    On l' l'appelle
L' Marquis d' bielle-Humeur.

Quand i va boire eun' canette,
Les dimanche', au cabaret,
I nous casse, à tertous, l' tiête,
In faijant sin chint d' piquet.
Car, s'i perd, i dit qu'on l' triche...
Et qu' ch'est pour li faire eun' niche...
On a toudis mal carté,
Mal compté, mal écarté.

Mon Dieu queu vilain modèle !
Ch'est pour cha, qu' su' Saint-Sauveur,
    On l' l'appelle
   L' Marquis d' Bielle-Humeur.

I fait, d' sin ju, eune affaire.
Si quéqu'un vient l' l'accoster,
On l' vot rougir de colère...
Ch'est pir' s'il intind canter.
Comme un hussier à l'audience,
Au canteu i cri': « Silence ! »
Veyant qu'on n' cess' point l' canchon,
I jure et parte à s' mason.

Mon Dieu queu vilain modèle !
Ch'est pour cha, qu' su' Saint-Sauveur,
    On l' l'appelle
   L' Marquis d' Bielle-Humeur.

I mérit'rot bien des r'proches,
Mais ch'est assez, copons-l' là.
Sin caractère à bouloches
Jamais n' se débouloch'ra.
Sans voloir faire l' prophète,
Contre un sou, j' pariros m' tiête,
Qu' s'il intind m' canchon qu'au bout,
I n' va point l' trouver d' sin goût.

Mon Dieu queu vilain modèle !
Ch'est pour cha, qu' su' Saint-Sauveur,
   On l' l'appelle
L' Marquis d' Bielle-Humeur.

VIVE L' CRINOLINE !

Air de l'auteur.

(Noté. — N° 17.)

Tout d' puis l' temps que l' crinoline
Est à l' mode in tout pays,
Nuit et jour, chacun s'échine,
A li porter du mépris.
Dins les live' et les gazettes,
Le vaud'ville' et les canchons,
On tari' femme' et fillettes,
Qui portent chés biaux cotrons.

  Vive l' crinoline !
  Ch'est utile et biau, } *Bis.*
  Faijons-li bonn' mine
  Par che r'frain nouviau.

Au mitan d'un tas d' bêtisses,
On dit : « Cheull' mode apport'ra
Des catharr's, des rhumatisses,

Et tout plein d' séquois comm' cha. »
Personne n' s'a mis dins l' tiête,
Qu' l'hiver, pour avoir pus caud,
Au lieu d'eun' simple vaclette,
On peut s' servir d'un fourniau.

    Vive l' crinoline !
    Ch'est utile et biau,   } *Bis.*
    Faijons-li bonn' mine
    Par che r'frain nouviau.

Pourquoi donc qu' su' cheull' biell' mode
Chaque homm' cri' tout sin pus haut ?
Elle est pourtant fort commode
Pour mucher pus d'un défaut.
On sait qu' bien des p'tit's coquettes,
Marchant comme un baldaquin,
Sont planté's sur des gambettes
Point si droit's qu'un vilberquin.

    Vive l' crinoline,
    Ch'est utile et biau,   } *Bis.*
    Faijons-li bonn' mine
    Par che r'frain nouviau.

Avant, malgré s'n involure,
Malgré sin corps bien tourné,
Eun' femme avot tout l' tournure
D'un fago' infacheinné...

A ch't heure, avé l' mode nouvielle,
Arrondi' par sin cotron,
Ell' nous r' présinte eun' rondelle
Rimpli' de ch' bon jus d'houblon.

> Vive l' crinoline !
> Ch'est utile et biau,
> Faijons-li bonn' mine
> Par che r' frain nouviau.   } *Bis.*

Awi, cheull' mode est utile :
Eun' fillett' faijot l'amour
Sans l' consint'mint de s' famille ;
Sin pèr' l'a surpris l'aut' jour.
V'là cheull' pauv' fille in foufelle,
Mais l'amoureux résolu,
A crou-crou s' met derrière elle...
Cha fait que l' pèr' n'a rien vu.

> Vive l' crinoline !
> Ch'est utile et biau,
> Faijons-li bonn' mine
> Par che r'frain nouviau.   } *Bis.*

A la foir', ch'est point des craques,
Eun' femme a trouvé l' moyen
D'aller dins tous les baraques,
In n' dépinsant presque rien.
Afin de n' payer qu'eun' plache,

(Parlez d'eun' bielle invintion!)
Elle faijot passer d'zous s' *cache*,
Deux p'tit's fille' et sin garchon.

> Vive l' crinoline!
> Ch'est utile et biau,
> Faijons-li bonn' mine
> Par che r'frain nouviau.

Bis.

Dins ch'l affaire, i faut bien l' dire,
Les femme' ont moutré d' l'esprit,
In pernant l' parti d' bien rire
Et d' graingner d' chin qu'on a dit.
Chacun leu faijot la guerre,
Espérant les aplatir,
Mais chaq' jour, tout au contraire,
On les veyot s'arrondir.

> Vive l' crinoline!
> Ch'est utile et biau,
> Faijons-li bonn' mine
> Par che r'frain nouviau.

Bis.

LE CABARET DU P'TIT-QUINQUIN.

Air du Carnaval (2ᶜ volume).

ou

du Pana.

(Noté. — N° 9.)

On sait qu'i n'y-a dins l' ru' d's Etaques,
Presqu'à côté de l' cour à l'Iau,
Au mitan d' chinq six viell's baraques,
Un cabaret vraimint fort biau.
Mais l'inseinne est incor pus bielle :
Elle r'présint' le *P'tit-Quinquin*,
Que s' mère indort, et qui se r'belle...
Chaq' passant dit, veyant ch' dessin :

    « Au cabaret du *P'tit-Quinquin*, ⎫
    On est sûr d'infoncer l' chagrin. » ⎭ *Bis.*

L'aut' jour j'ai rincontré Minique,
Triste comme un bonnet d' coton,
D'avoir perdu s' femme Angélique,
Qui l' laich' veuf avec un garchon.

« Chéri, qui m' dit, j' n'ai pus d' corache,
Et j' vas morir, va, je l' sins bien... »
Mi j' li réponds : « L' temps t' rindra sache,
I n' faut jamais jurer de rien. »
    Au cabaret du *P'tit-Quinquin*, } *Bis.*
    On est sûr d'infoncer l' chagrin.

A ch' mot d' cabarêt, min compère,
A tout' forche, veut s'in aller.
Mais j' l'intrainne, et j' fais v'nir de l' bière,
Qu'il essaie, infin, d'avaler.
Alors, nous alleumons nos pipes,
Et, malgré qu' Minique s' débat,
Comme l' cabar'tier vind des tripes,
J' li dis d' nous in servir un plat.
    Au cabaret du *P'tit-Quinquin*, } *Bis.*
    On est sûr d'infoncer l' chagrin.

On nous apporte d' l'andoull' grisse,
De l' panchett', de l' mulett', du fi.
In veyant cha, Nini Patrice,
Veuv' du marchand d'ojeaux Fifi,
Avec nous s'attable au pus vite,
In m' dijant tout bonn'mint : « Chéri !
Quand on n' minvit' point, mi j' m'invite...»
Et là-d'sus, min compère a ri.
    Au cabaret du *P'tit Quinquin*, } *Bis.*
    On est sûr d'infoncer l' chagrin.

Bien rimbourré', Nini Patrice
A volu nous dire eun' canchon.
Elle a dit l'*Histoir' de P'tit-Price*
In roucoulant pir' qu'un pinchon.
In intindant des si biell's notes,
Au r'frain, tout l' monde a répondu,
Et min compèr', mieux qu' tous les autes,
Claquot des mains comme un perdu.

  Au cabaret du *P'tit-Quinquin*,
  On est sûr d'infoncer l' chagrin. } *Bis*

Et tout in faijant ses roulades,
Cheull' pinchonnett', semblant de rien,
A Miniq' lançot des œuillades.
Li, j'ose l' dir', sin trouvot bien.
Infin, s'y pernant d' cheull' manière,
Pour mieux vous dir', madame Fifi
A gobé l' cœur de min compère,
Tout aussi facil'mint qu' min fi.

  » Au cabaret du *P'tit-Quinquin,*
  On est sûr d'infoncer l' chagrin. } *Bis.*

Minique et Nini sont d' promesse ;
On les marie au Parjuré.
D'ête à l' noc', comm' j'ai fait l' promesse,
Vous povez bien compter qu' j'irai,

Et qu'à l' commun', comme à l'égliche,
In caroche, au r'pas, comme au bal,
Au risque qu'on m' traite godiche,
Toudis, j' dirai d'un ton jovial :

» Au cabaret du *P'tit-Quinquin*, } *Bis.*
Ou est sûr d'infoncer l' chagrin. »

LE MONT-DE-PIÉTÉ.

Air du Manoqueux.

ou

de l'Avaricieux.

(Noté. — N° 8.)

Les Monts-d'-Piété sont utiles :
Il' ont r'tiré du tracas,
Bien des gins, bien des familles,
Qui s' troùvott'nt dins l'imbarras.
Je n' veux donc point trop leu nuire,
Mais, comme i n'y-a rien d' parfait,
Je n' peux point m'impêcher d' dire,
Veyant l'ùsache qu'on in fait :

    Triste affaire, in vérité,   } *Bis.*
    Que l' Mont-d'-Piété ! (*bis.*)

Qu'on y alle à la passade :
Quand l'ouvrache n' va point bien ;
Quand on a quéqu'un d' malade,
Quéqu'un d' mort... je n' dirai rien.

Mais quoi dir' des gins d' ménache
Qui vont là, tous les lundis,
Inr'gistrer toudis l' mêm' gache,
Qu'on va r'quèr' tous les sam'dis?
  Triste affaire, in vérité,   } *Bis.*
  Que l' Mont-de-Piété! *(bis.)*

Pindant vingt ans l' femm' Brindzingue,
Qui reste incor dins l' ru' d' Pods,
Au Lombard mettot s' séringue,
Sans mintir, six fos par mòs.
Avec l'intérêt de ch' gache,
Qu'elle a payé si sott'mint,
Elle arot povu, je l' gache,
Avoir eun' séringue d'argint.
  Triste affaire, in vérité,   } *Bis.*
  Que l' Mont-de-Piété ! *(bis.)*

I n' faut point fair' grande étude,
Pour vir qu'on va là s' blouser,
Par un effet d'habitude,
Comm' feumer, chiquer, priser.
Eun' preuv', ch'est que l' femm' Zanzante
M'a dit : « Je n' sais point pourquoi,
Quand je n' vas point vir *ma Tante*,
I m' sann' qui m' manque un n' séquoi. »
  Triste affaire, in vérité,   } *Bis*
  Que l' Mont-d'-Piété ! *(bis.)*

Ch'est qu'aussi, quand i n'y-a foule,
On attind sin tour longu'mint,
Et qu' pus d'eun' mari'-toutoule
Vous y donn' bien d' l'agrémint.
Rien qu'avecque l' babillache
Des chochonn's, su' leus darons,
On porot donner d' l'ouvrache
A quarant' faijeux d' canchons.

    Triste affaire, in vérité,   } *Bis.*
    Que l' Mont-d'-Piété ! *(bis.)*

Chés femm's racont'nt leu misère,
Mais bien lon d' s'in suffoquer,
Même, in aïant l'invi' d' braire,
On s'rot forché d' déclaquer.
L'eun' dira : « M'n homm' fait ribotte,
Ch'est un loste, un fainéant !
Aussi j'ingache s' capote
Pour povoir in faire autant.

    Triste affaire, ln vérité,   } *Bis.*
    Que l' Mont-d'-Piété ! *(bis.)*

Avec l'argint des marronnes,
Qu'ell' vient d'aller mette au clo,
Eune aute invit' des luronnes
A boire eun' tass' de cafiau.
Bien intindu qu'on l' couronne

Avec eun' poté' de schnick ;
Si s'n homm', veyant cha, bertonne,
On l' traite d' sot-basilic.
> Triste affaire, in vérité,
> Que l' Mont-d-Piété ! *(bis.)* } *Bis.*

Combien cheull' fameuss' coutume
A mis d' ménach' sans sus-d's-sous !
On us'rot pus d'un volume,
Sans les inr'gistrer tertous.
Aussi, malgré qu'un brave homme (*),
Pour prêter sans intérêt,
Nous a laiché eun' gross' somme,
Mes bonn's gins, je l' dis sans r'gret :
> Triste affaire, in vérité,
> Que l' Mont-d'-Piété ! *(bis.)* } *Bis.*

(*) Bartholomé Masurel, dont une de nos rues porte le nom, consacra toute sa fortune à la fondation de notre Mont-de-Piété, à la condition de prêter sans intérêt jusqu'à concurrence de cinquante écus. Cette institution a été créée en 1609.

LE P'TIT RINTIER.

Air nouveau de l'auteur.

(Noté. — N° 21.)

Pa' c' que j'ai des p'tit's baraques :
Eun', dins l' cour du Pourchelet,
Tout autant, dins l' ru' d's Étaques,
Et deux, dins l' ru' du Frenn'let,
Bien des gins d' min voisinache,
D' min bonheur sont tout invieux.
Pou m' tarier, su' min passache,
I m' ditt'nt : Bonjour Pierr'-L'heureux !

   Vous comprindrez m' tristesse,
   Et vous direz, comm' mi,
   Qu'un rintier de m'n espèce,
   A pus d' pein' que d' plaisi.

Ch'est du bien qui vient d' min père,
Qui l' tenot, j' cros, d' sin taïon,
Qui n'a jamais volu faire

Pour vingt sous d' réparation.
A mill' francs, min r'venu monte,
Mais, comme i n'y-a rien qui tient,
I faut, tout au moins, que j' compte
Deux chints francs pour l'intertien.

 Vous comprindrez m' tristesse,
 Et vous direz, comm' mi,
 Qu'un rintier de m'n espèce,
 A pus d' pein' que d' plaisi.

Ch'est mi qui pai' l'assurance,
Les contributions, l' log'mint...
Un locatair' fait bombance,
Pus d' loyer... Mais j' vas, brav'mint,
Li réclamer d'un ton ferme...
S'i m' demande un mos d' crédit,
Avant qu'on arrive à ch' terme,
V'là qu'i fait *Saint-Pierr' par nuit*.

 Vous comprindrez m' tristesse,
 Et vous direz, comm' mi,
 Qu'un rintier de m'n espèce,
 A pus d' pein' que d' plaisi.

Alfos quand un locataire,
Lusotte à m' payer min dû,
J' vas l' trouver, tout in colère,
Et j' li parle sec et dru.

Mais s'i m' dit cheull' seul' parole :
« J'ai m' femm' malade et point d' pain ! »
Je m' radouchis, je l' console,
Et j' li mets vingt sous dins s' main.

 Vous comprindrez m' tristesse,
 Et vous direz, comm' mi,
 Qu'un rintier de m'n espèce,
 A pus d' pein' que d' plaisi.

Si bien qu'i n' me reste à peine
Qu' six chints francs... Jugez, mes gins,
Si m'n armoire est souvint pleine,
Si j'ai des biaux habill'mints.
Pour m' coucher, j' n'ai qu'eun' payasse,
Eun' pair' de vieux draps d' coton.
V'là vingt fos qu' min bos-d'-lit casse,
Ch'est vous dir' comme il est bon.

 Vous comprindrez m' tristesse,
 Et vous direz, comm' mi,
 Qu'un rintier de m'n espèce,
 A pus d' pein' que d' plaisi,

Vieux garchon, dins min ménache,
Mi-même, i faut que j' faich' tout,
L' cuisin' comme l' nettoyache...
Ah! mes gins! ch' n'est point par goût,

Mais, pa'c' que je m' trouve à l' gêne,
Avec min trop p'tit r'venu.
On m'appell' pourtant *Cat'leine*,
Compteu d' tartenne' et *Nunu.*

   Vous comprindrez m' tristesse,
   Et vous direz, comm' mi,
   Qu'un rintier de m'n espèce,
   A pus d' pein' que d' plaisi.

Même à raconter m' misère,
Point moyen de m' soulager,
Car chacun m' crot millionnaire,
Mi qui m' prive alfos d' mainger.
Tiens ! j' vas continter l'invie,
Qu' m'ont donné' des gros rintiers,
In plachant mes rinte' à vie...
Tant pir' pou' mes héritiers.

   Vous comprindrez m' tristesse,
   Et vous direz, comm' mi,
   Qu'un rintier de m'n espèce,
   A pus d' pein' que d' plaisi.

L' MANOQUEUX.

Air de l'Avaricieux.

(Noté. — N° 8.)

Sans gramint cacher, dins Lille,
On trouv'rot des ouvèriers
Qui, pour él'ver leu famille,
Faitt'nt jusqu'à chinq six métiers.
Mais Maniqueux, min compère,
Est un aut' gaillard que cha.
J' racont'rai chin qu'i sait faire,
Et chacun d'vous répét'ra :

Ah ! l' pus malin manoqueux,
　　Ch'est Maniqueux. *(Bis.)*　} *Bis.*

Il interprind des busettes,
Qu'i fait fair' par sin garchon ;
Il emploi' des p'tit's fillettes,
Pour épluquer du coton ;
I fait queq'fos l' babeinnache,

Et l' partissach' par dessus,
Mais, d' mêm' que l' papillonnache,
Ch'est à ses moumints perdus.

Ah! l' pus malin manoqueux,
　　Ch'est Maniqueux. *(Bis.)* } *Bis.*

Si vous avez des pindules
Qui s'arrêtt'nt à tout moumint,
Des vieill's séringu's sans canules,
Des baromèt's sans mouv'mint,
Un vieux crincrin sans chant'relle,
Eun' serrur' qui n'a pus d' clé,
Un marabout sans orelle...
I r'mettra tout cha sur pié.

Ah! l' pus malin manoqueux,
　　Ch'est Maniqueux. *(Bis.)* } *Bis.*

Il est l' premier locataire
D'eun' mason. Mais pa' l' moyen
Qu'i r'loue sin quartier d' derrière,
Et six cambre', i s' log' pour rien.
Si l' locatair' prind l'alerte,
Sans payer... min vieux futé,
A, pour réparer cheull' perte,
L'argint de l' commodité.

Ah! l' pus malin manoqueux,
　　Ch'est Maniqueux. *(Bis.)* } *Bis.*

Pour eun' pièch' quat' doupe', i rasse,
Et pour deux sous, cop' les ch'veux
Sin cijeau laich' pus d'eun' trace,
Sin raso fait bien des creux...
Il a fait mett' su' s'n inseinne,
In d'zous d'eun' pair' de cijeaux,
D'un raso, d'un cuir, d'un peinne :
« *Je coup' les ch'veux aux oiseaux* (*). »

Ah! l' pus malin manoqueux,
      Ch'est Maniqueux. *(Bis.)*   } *Bis.*

J' n'ai point besoin d' vous apprinde,
Que d' puis longtemps, nos fripiers,
Ont trouvé l' moyen d' s'intinde,
Cont' les aut's particuliers.
Mais chaq' fripier, chaq' fripière,
Jugeant qu'il avot du snack,
Ont laiché v'nir min compère
Avec euss' fair' nic-et-nac.

Ah! l' pus malin manoqueux,
      Ch'est Maniqueux. *(Bis)*.   } *Bis.*

(*) Ces expressions du jargon de Paris : *à la papa* et *aux oiseaux*, pour dire : *à la perfection*, ont jadis été employées par un coiffeur de notre ville, dans l'inscription suivante, qui lui servait d'enseigne et qui a fort réjoui nos pères :

    « Ici l'on rase *à la papa*,
    » Et l'on coupe les cheveux *aux oiseaux*. »

Il a mis tant d'agobiles
Dins s' cave et sin guernier,
Qu'on porrot, pour chint familles,
Sans gên', trouver l' mobilier,
Il a d' tout : Lit'ri', cayères,
Tables, pots-d'-fier, louche-à-pots,
Cuillers, vieux cand'lers, caf'tières,
Poêl's, garde-robe' et pich'-pots.
Ah! l' pus malin manoqueux,   } *Bis.*
     Ch'est Maniqueux. *(Bis.)*

Afin d'avoir pour pratiques
Les amateurs de vieux var,
Qui vont dans les vieill's boutiques,
Cacher chin qu'on n' trouv' nulwart,
I dit qu'il a d' Jeann'-Maillotte,
L' hall'barde dins sin vieux fier,
Et qu'i conserve eun' culotte,
Du temps du roi Dagobert.
Ah! l' pus malin manoqueux,   } *Bis.*
     Ch'est Maniqueux. *(Bis.)*

Enfin, ch'l homme, à tout s'exerce :
Je n' s'ros point surpris qu'un jour
I vindrot des rideaux d'-Perse,
Des piaux d' lapin et d' tambour ;

Qu'on l' verrot dimanche' et fiêtes,
Afin d' rimplir sin gousset,
Faijant vir les marionnettes,
Comme l' bochu *Pass'-Lacet*.

Ah! l' pus malin manoqueux,
    Ch'est Maniqueux. *(Bis.)*   } *Bis.*

AH! QU' CH'EST SOT D'ÊTE AMOUREUX.

Air : V'là c' que c'est qu' d'aller au bois ,

ou de

Mon Voyage à Arras.

(Noté. — N° 13.)

César, à l' ducass' Saint-Sauveur,
In veyant Lisa Jolicœur,
A sintu palpiter sin cœur,
    Mais, pour li, v'là l' pire,
    N'osant point li dire,
Il a resté là, tout péneux...
Ah! qu' ch'est sot d'ête amoureux!   } *Bis.*

Cheull' fille, in veyant s'n imbarras,
In ell'-même a dit : « Queu colas !
Faut-i point s' donner tant d' tracas,
    Quand on aime eun' fille,
    Pour li dire habile ?
Et mi, qui n' demandos point mieux... »
Ah! qu' ch'est sot d'ête amoureux!   } *Bis.*

Et César, tout d' puis ch' moumint-là,
Sans décesser parle d' Lisa.
Chint fos par jour, i dit qu'elle a
  Des yeu' in amande...
  Queu sot ! j' vous l' demande ?
Mi, j' les vos rond' et cachiveux...   } *Bis.*
Ah ! qu' ch'est sot d'ête amoureux !

On a biau li dir' qu'i trouv'ra
Des fill's qui vaudront bien Lisa,
I n'intind point de ch'l orell'-là,
  I vante s' tournure,
  Mais surtout s' coiffure.
Elle a tout faux jusqu'à ses ch'veux...   } *Bis.*
Ah ! qu' ch'est sot d'ête amoureux !

Chaq' fos qu'i parle d'elle, i dit :
« Elle est savante, elle a d' l'esprit. »
Vous povez pinser comme on rit,
  Car, j'ai laiché dire,
  Qu'ell' sait point mêm' lire,
Ni compter jusqu'à quarant'-deux...   } *Bis*
Ah ! qu' ch'est sot d'ête amoureux !

J'ai vu Lisa pus d' deux mill' fos,
Ch'est vous dire assez qu' je l' connos.
Cha n'inpêch' point qu'i m' dit queq'fos :

« Te sais que s' famille
Est r'nommée à Lille ! »
Ch'est tout bonn'mint l' fill' d'un berneux... ⎫
Ah ! qu' ch'est sot d'ête amoureux ! ⎭ *Bis.*

Infin, ch'est un vrai sot d'amour,
I soupire au long d'un saint jour ;
Au soir, in allant faire un tour,
S'i vot cheull' fillette
A s' porte, à s' ferniête,
I s'in va coucher tout joyeux... ⎫
Ah ! qu' ch'est sot d'ête amoureux ! ⎭ *Bis.*

A peine indormi, l' pauv' garchon,
Rêve, et vot passer d'vant s' mason,
Cheull' fille, au bras d'un biau luron,
Et tout l' voisinache,
Criant : « Biau mariache ! »
Pinsez si ch'est un rêve affreux... ⎫
Ah ! qu' ch'est sot d'ête amoureux ! ⎭ *Bis.*

Pour li sortir de ch' triste état,
Qui l' l'a rindu sec comme un cat,
Croirez-vous qu'i veut s' fair' soldat,
Quoiqu'il a vu braire,
S' mère et sin vieux père ?..
Ch'est eun' raison d' dire incor mieux : ⎫
Ah ! qu' ch'est sot d'ête amoureux ! ⎭ *Bis.*

L' CABAR'TIER DU P'TIT CHAV'TIER.

Air du Pana.

(Noté. — N° 9.)

L'aut' jour, min cousin Platellette,
Qui reste à ch't heur' dins min quartier,
Vient m' vir et m' dit : « J' t'offre eun' canette
Au cabaret du *P'tit-Chav'tier*.
Là, comme on fait toudis duçasse,
Te t' régal'ras, te t' pourléqu'ras,
Et, veyant tout chin qui s'y passe,
Pindant huit jours te répét'ras :

« Ah ! l' cabar'tier
Du P'tit-Chav'tier,
Connot jolimint sin métier. »

Là-d'sus, j' prinds mes clique' et mes claques,
Et, friant-battant, nous marchons,
Jusque au moumint, qu' dins l' ru' d's Étaques,

D'vant ch' cabaret, nous s'arrêtons.
D'abord nous pourmirons l'inseinne,
Qui r'présinte un chav'tier bouffi,
In train de r'coude eun' vielle impeinne,
Et tirant brav'mint sin cœud'-fi.

  Ah! l' cabar'tier
  Du P'tit-Chav'tier,
Connot jolimint sin métier.

Alors nous introns dins l' taverne,
In vérité, curieusse à vir.
Dins sin comptoir, l'homm' qui l' gouverne,
Nous dit : « Quoi-ch' qui faut vous servir? »
Veyant qu'il a l'air d'un bon diable,
Platellett' dit : « Apportez-nous
Eun' bonn' canett', là, su' cheull' table,
Avec un troisièm' verr' pour vous.

  Ah! l' cabar'tier
  Du P'tit-Chav'tier,
Connot jolimint sin métier.

I n' se fait point tirer l'orelle,
Mais, sin verr' bu, v'là que ch' bon fieu
Se r'tire... Aussitôt j' li rappelle
Qu'un capuchin n' va point tout seu.
N'y-avot rien à dire. — I s' décide

A r'doubler, et même, à s'assir,
Jusqu'au moumint que, l' canett' vuide,
I s' lèv' pour aller nous l' rimplir.

  Ah! l' cabar'tier
  Du P'tit-Chav'tier,
Connot jolimint sin métier.

« A r'gret, qui dit, faut que j' vous quitte,
Car gramint d' gins vienn'nt d'arriver;
I faut qu' j'all' les servir bien vite. »
Et d' fait, nous intindons crier:
« Batiss'! servez-me eun' demi-doulle!
Batiss'! par ichi, deux d'mi-lots!
Batiss'! pour deux sous d' ratatoulle!
Batiss'! eun' portion d' haricots!!!

  Ah! l' cabar'tier
  Du P'tit-Chav'tier,
Connot jolimint sin métier.

Au contrair' du quien d' Jean d' Nivelle,
(Vous connaichez tertous ch' quien-là).
Batisse, aussitôt qu'on l' l'appelle,
A droite, à gauche, i dit: Me v'là!
Ch'est plaisi d'vir comme i gigotte,
Des bras, des gambe'.... In vérité,
Si j' m'abuss' qu'on m' donne eun' calotte,

J' pariros qu'il est dératé.

  Ah ! l' cabar'tier
  Du P'tit-Chav'tier,
Connot jolimint sin métier.

I tient des logeu' à l' semaine,
A raison d' tros quat' sous par nuit ;
Aïant soin d' les prév'nir, sans gêne,
Qui n'intind point leu fair' crédit.
Aussi, grâce à cheull' bonn' manière,
I fait ses fouffe'... Eh ben ! ta mieux.
Quand i s'ra gros propriétaire,
On dira d' li d'un ton joyeux :

  Ah ! l' cabar'tier
  Du P'tit-Chav'tier,
Connot jolimint sin métier.

SI J'ÉTOS GARCHON !

Air nouveau de l'auteur.

(Noté. — N° 22.)

Si j'étos garchon !
Dijot, l'aut' jour, Mari'-Claire,
Comm' j'aros du savoir-faire !
Mon Dieu ! comm' min temps s'rot bon !
   N'y arot point dins Lille,
Un homm' qui s' f'rot si peu d' bile,
   In vrai sans-souci,
J' n'aros d'aut' but que l' plaisi.

   Si j'étos garchon !
     Au lieu d'ête
   Eun' pauv' jeun' fillette,
   Si j'étos garchon !
Comme j' f'ros voler min dragon !

Comm' nos muscadins,
J'aros toudis des biell's bottes,
Biaux capiaux, giliets, capotes,
Cols, cravatt's, patalons fins.
 Malgré ch' dicton coinne,
Qui dit qu' l'habit n' fait point l' moinne,
 Un homm' bien calé
Est mieux vu qu' mal habillé.

 Si j'étos garchon !
  Au lieu d'ête
 Eun' pauv' jeun' fillette,
 Si j'étos garchon !
Comme j' f'ros voler min dragon !

 J'iros m'amuser
Dins les bals de nos ducasses.
Avec des méquain's cocasses,
On m' verrot danser, valser,
 Fair' des pirouettes,
Môm' quand chés gross's badoulettes,
 Avec leus gros dos,
Pès rott'nt jusqu'à chint kilos.

 Si j'étos garchon !
  Au lieu d'ête
 Eun' pauv' jeun' fillette,
 Si j'étos garchon !
Comme j' f'ros voler min dragon !

Dins les réunions
Uch' qu'on cant' la Pironnelle,
J' n' f'ros point tirer m'n orelle
Pour roucouler des canchons.
 J'in diros des droles,
Tell'mint rimpli's d' fariboles,
  Que j' f'ros rir' tout d' bon,
Même un hussier in fonction.

 Si j'étos garchon !
  Au lieu d'ête
 Eun' pauv' jeun' fillette,
 Si j'étos garchon !
Comme j' f'ros voler min dragon !

 Ch'est au carneval,
Que j' riros !... In bergerette,
Pour fair', d'un homme, l' conquette,
J'iros, déguisé, au bal.
 Aïant l' manigance
D'eun' coquette, après chaq' danse,
  Je m' f'ros régaler,
Jusqu'à l'heur' de m' démasquer.

 Si j'étos garchon !
  Au lieu d'ête
 Eun' pauv' jeun' fillette,
 Si j'étos garchon !
Comme j' f'ros voler min dragon !

Au lieu d' soupirer,
Comme l' fait pus d'un sot gille,
Pour les biaux yeux d'eun' jeun' fille,
Sans même osoir li parler,
    Sitôt qu'eun' fillette
M'arot mis l'amour in tiête,
    J' li diros l' fin mot,
Sans tourner autour du pot.

    Si j'étos garchon !
      Au lieu d'ête
    Eun' pauv' jeun' fillette,
    Si j'étos garchon !
Comme j' f'ros voler min dragon !

Étant l'amoureux
D'Irma, j'iros vir Adèle,
Car, quand on est trop fidèle,
On s' rind souvint malheureux.
    Craingnant l'esclavache,
Quand on m' parlerot d' mariache,
    J' diros : « Halte-là !
J' n'intinds point de ch'l orell' là. »

    Si j'étos garchon !
      Au lieu d'ête
    Eun' pauv' jeun' fillette,
    Si j'étos garchon !
Comme j' f'ros voler min dragon !

Pour tout dire, infin,
Chaque heur' de m' bielle existence,
Pas'rot, joyeuss', comme eun' danse,
Au son criard du crincrin.
. Queulle aut' pair' de manches!
Jour ouvrant, fiête' et dimanches,
Comme eun' cendrillon,
I faut que j' reste à m' mason.

Si j'étos garchon!
Au lieu d'ête
Eun' pauv' jeun' fillette,
Si j'étos garchon!
Comme j' f'ros voler min dragon!

LES AMOURS DE JACQUOT.

Air : Mes amours ont duré toute une semaine.

(Noté. — N° 23.)

Mes amour' ont duré juste quat' semaines,
  Je l' dis, foi d' Jacquot,
  Ch'est incor bien d' trop,
Car, pindant ch' temps-là, j'ai r'sintu pus d' peines,
  Que l' grand Luchifer
N'a donné d' cops d' griff's dins s'n infer.

A l' ducass' de Five', in étant' à l' danse,
D'eun' petit' coquett' j'ai fait l' connaissance.
De l' vir bien r'quinqué' j' pinsos qu' ch'étot l' Pérou,
Aussitôt min cœur brûl' comme d' l'amadou...
J'aros mieux fait d' mette eun' gross' corde à min cou!

Mes amour' ont duré juste quat' semaines,
  Je l' dis, foi d' Jacquot,
  Ch'est incor bien d' trop,

Car, pindant ch' temps-là, j'ai r'sintu pus d' peines,
      Que l' grand Luchifer
N'a donné d' cops d' griff's dins s'n infer.

J'avos deux chints francs dins m'n éparnemale,
Du linge et d's habits plein m'n armoire et m' malle,
Et m' petit' fortune n' s'arrêtot point là :
J' venos d'acater eun' plache d' Porte-au-Sa,
Mais cheull' biell' tigresse a dévoré tout cha.
Mes amour' ont duré juste quat' semaines,
      Je l' dis, foi d' Jacquot,
      Ch'est incor bien d' trop,
Car, pindant ch' temps-là, j'ai r'sintu pus d' peines,
      Que l' grand Luchifer
N'a donné d' cops d' griff's dins s'n infer.

Qui pins'rot jamais qu'eun' simple brodeusse,
Par les goûts qu'elle a, peut v'nir si frayeusse ?
E n' se contint' point d' mainger des artichauts,
Ni des bonn's couq's-baque' à l'cav' des Quat'-Martiaux;
I li faut des m'ringue' et tout's sort's d' gatiaux.
Mes amour' ont duré juste quat' semaines,
      Je l' dis, foi d' Jacquot,
      Ch'est incor bien d' trop.
Car, pindant ch' temps-là, j'ai r'sintu pus d' peines,
      Que l' grand Luchifer
N'a donné d' cops d' griff's dins s'n infer.

Ell' maingeot tout quoi : tantôt des om'lettes,
Tantôt du rôti, tantôt des côt'lettes.
Ell' buvot du vin, ell' faijot du *gloria*,
Infin, je n' peux point mieux l' récomparer qu'à
Ch' fameux louff'-tout-cru app'lé Gargantua.

Mes amour' ont duré juste quat' semaines,
  Je l' dis, foi d' Jacquot,
  Ch'est incor bien d' trop,
Car, pindant ch' temps-là, j'ai r'sintu pus d' peines,
  Que l' grand Luchifer
N'a donné d' cops d' griff's dins s'n infer.

Pou' s' désaltérer, étan' à l' prom'nade,
E n' buvot point d' bièr', mais de l' limonade.
Un marchand d' macarons v'not-i tout près d' nous,
Ell' pernot ses dés, li dijant : *J' ju' les d'zous !*
Elle in gaingnot quinze, et cha m' coûtot vingt sous...

Mes amour' ont duré juste quat' semaines,
  Je l' dis, foi d' Jacquot,
  Ch'est incor bien d' trop,
Car, pindant ch' temps-là, j'ai r'sintu pus d' peines,
  Que l' grand Luchifer
N'a donné d' cops d' griff's dins s'n infer.

Et quand nous allîm's dins l' ru' d'Écrémoisse,
A chaq' magasin s'arrêtot m' grivoisse.

Ell' trouvot tout biau et m' dijot par un r'gard :
« Donn'-me chés brac'lets, chés gants, ch' petit foulard,
Cheull' biell' crinoline avec des fis d'acar ! »

Mes amour' ont duré juste quat' semaines,
  Je l' dis, foi d' Jacquot,
   Ch'est incor bien d' trop,
Car, pindant ch' temps-là, j'ai r'sintu pus d' peines,
  Que l' grand Luchifer
N'a donné d' cops d' griff's dins s'n infer.

Comm' vous l' pinsez bien, tous chés biaux caprices,
A m'n éparnemale, ont fait vir des grisses !
Mais, comme un vrai sot, cheull' fill' m'avot rindu,
Pour tâcher d' li plaire in tout, j'ai tout vindu...
Ell' m'a planté là quand ell' m'a vu tout nu.

Mes amour' ont duré juste quat' semaines,
  Je l' dis, foi d' Jacquot,
   Ch'est incor bien d' trop,
Car, pindant ch' temps-là, j'ai r'sintu pus d' peines,
  Que l' grand Luchifer
N'a donné d' cops d' griff's dins s'n infer.

LA PLANÈTE.

(L'HOROSCOPE.)

Air nouveau de l'auteur.

(Noté. — N° 24.)

Un jour, étant fillette,
Et volant savoir min destin,
J'ai fait tirer m' planète,
Qui m'a promis pus d' burr' que d' pain.
N'aïant point d'espérieince,
Ell' m'arot dit qu'un prince,
De m' marier, s'rot tout fier,
Que j' l'aros cru, dur comm' du fier.

Lors d'aujourd'hui, j' répète,
Veyant min sort trahi :
   Qu'elle a minti,
   M' planète !
Mon Dieu ! qu'elle a minti !   } *Bis.*

M'aïant dit, qu'à l' lot'rie,
J'aros gaingné gramint d'argint,
Vous d'vinez, je l' parie,
Avec raison, qu' j'ai mis souvint.
Ell' me parlot d'un *quine*...
Queull' minteuss' ! queulle coquine !
Jamais min liméro
N'est sorti, si ch' n'est qu'au loto.

Aussi toudis, j' répète,
Veyant min sort trahi :
Qu'elle a minti,
M' planète !
Mon Dieu ! qu'elle a minti ! } *Bis.*

Ell' m'a dit qu' cheull' fortune
M'arot fourni pus d'amoureux,
Qu'on n' vot, tout près d' la lune,
D'étoil's, quand l' ciel a l'air joyeux.
Vous comprindrez m' tristesse,
Si j' dis, qu' pindant m' jeunesse,
Je n' n ai trouvé qu'un p'tit,
Si p'tit, qu'eun' berch' li servot d' lit.

Aussi toudis j' répète,
Veyant min sort trahi :
Qu'elle a minti
M' planète !
Mon Dieu ! qu'elle a minti ! } *Bis.*

Sans même êt' difficile,
Il étot permis de r'culer.
J'ai laiché P'tit-Mimile,
Nuit et jour, pour mi, roucouler.
Pourtan', au bout d' six s'maines,
J'ai pris pitié d' ses peines,
In m' dijant : « Après tout,
I vaut mieux ch'ti-là qu' point du tout. »

Aussi toudis j' répète,
Veyant min sort trahi :
Qu'elle a minti,
M' planète !
Mon Dieu ! qu'elle a minti ! } *Bis.*

J'avos l' goût du mariache,
Car cheull' sott' planèt' m'avot dit,
Que j' goût'ros, dins l' ménache,
Tous les plaisis du paradis ;
Que m'n homm' s'rot, mieux qu' mi-même,
Bon et douch' comm' de l' crême...
Il est, min p'tit morveux,
Méchant comme l' ma d'un galeux.

Aussi toudis j' répète,
Veyant min sort trahi :
Qu'elle a minti,
M' planète !
Mon Dieu ! qu'elle a minti ! } *Bis.*

Ell' m'a promis, l' vilaine,
Jurant de m' prédir' tout à r'bours,
Eun' biell' demi-douzaine
D'infants, biaux comme des p'tits amours.
Je n'n ai huit... Queull' misère !
Leus traits, leu caractère,
Sont laids comme l' péché,
Infin, ch'est leu pèr' tout craché.

Aussi toudis j' répète,
Veyant min sort trahi :
Qu'elle a minti,
M' planète !
Mon Dieu ! qu'elle a minti ! } *Bis.*

Ell' m'a dit que m' vieillesse,
A mes gins, n' f'rot point d'imbarras ;
Qu'infin, grâce à m' richesse,
J'aros, quand j' m'in irai là-bas,
(Car, i faut qu'on trépasse),
Un convoi d' premièr' classe...
Peut-on mintir comm' cha !
J'irai morir à l'hôpita.

Aussi toudis j' répète,
Veyant min sort trahi :
Qu'elle a minti,
M' planète !
Mon Dieu ! qu'elle a minti ! } *Bis.*

PHILIPPE-LE-BON.

Air du Broquelet d'aujourd'hui

ou

du Petit-Parrain.

(Noté. — N° 1.)

Un d' mes vieux chochons
Qu'on appelle l' Petit-Mimile,
Et qui donn' des l'çons
D' lecture, à des fille' et garchons,
A li pus d' chint fos,
D'un bout à l'aut', l'histoir' de Lille,
Si bien que ch' Lillos,
Peut dir' qu'i l' sait su' l' bout des dogts.
Pour prouver s'n instruc,
Avant-hier, d'un duc,
Il est v'nu m' conter
L'histoir' tell' que j' vas l' répéter :
 « Pour parler d'un franc luron, ⎫
   Ch'est d' Philippe-l'-Bon. » ⎭ *Bis.*

« Sin pèr', *Jean-sans-Peur,*
Malgré li, tournant l'arme à gauche,
Philippe, in fureur,
Vient trouver les gins d' *Saint-Sauveur,*
Et, volant prouver
Qu'à fair' la guerre i n'est point gauche,
I dit : « J' veux r'vinger
Min pèr' qu'on vient d'assaziner ! »
Tout Lille, à ch' discours,
Li promet du s'cours,
Car, pour batiller,
Les Lillos n' se faitt'nt point prier.
Pour parler d'un franc luron, } *Bis.*
Ch'est d' Philippe-l'-Bon.

« Et ch'l homm' si fameux,
Quand i s'agichot d' fair' la guerre,
In volot pus d' deux
Dins l' régimint des amoureux,
Car, on dit tout d' bon,
Dins des gros liv's, qu'il étot l' père
D' pus d'un gros garchon,
Qui n'a jamais porté sin nom.
Et pourtant, ch' grand duc,
Avant d'êt' caduc,
Dins l' pays Brugeos,
S'avot marié pou' l' trosième fos.
Pour parler d'un franc luron, } *Bis.*
Ch'est d' Philippe-l'-Bon.

« Chin qu'i n'y-a d' curieux,
Ch'est qu'on dit que s' femm' légitime,
Aimot chés morveux
Tout comm' les siens ! même incor mieux !...
Vous m' vettiez tertous
D'un air qui veut dir' : Ch'est eun' frime !
J'avoue, inter-nous,
Qu' cha m'a surpris tout autant qu' vous.
Norir des p'tits gins
Qui n' sont point les siens,
J' croyos, jusqu'à là,
Les homm's, seul'mint, capables d' cha !
Pour parler d'un franc luron, } *Bis*
Ch'est d' Philippe-l'-Bon.

« Tout faijant l'amour,
Il aimot souvint d' fair' bonn' chère.
Il a, par un jour,
Donné, dins sin palais de Riour,
Un r'pas si fameux,
Qu'in France, et dins l'Europe intière,
Rien d'aussi curieux
N'avot jamais surpris les yeux.
Mais l' triste, le v'là :
Ch'est qu' pindant ch' temps-là,
Si l' duc étot plein,
Pus d'un malheureux morot d' faim.
Pour parler d'un franc luron, } *Bis.*
Ch'est d' Philippe-l'-Bon.

« J' m'in vas vous donner
Eune idé' d' sin biau caractère :
　　Quand, pour li parler,
Un bon bourgeos v'not s' présinter.
　　On li dijot : « V'nez,
Intrez par cheull' porte d' derrière,
　　Après, traversez
Les colidors, et vous l' trouv'rez. »
　　Et ch' pauv' diable, infin,
　　R'chevot su' sin q'min,
　　Par un tas d' capons,
Eun' biell' dégélé' d' cops d' bâtons.
　　« Pour parler d'un franc luron, ⎫
　　Ch'est d' Philippe-l'-Bon. ⎭ Bis.

　　« Et quand i r'chevot
L' visit' d'eun' biell' petit' mamzelle,
　　Dins s' barbe, i riot,
Et v'là l' farce qu'i li juot :
　　Un d' ses plats-valets
Faijot tourner eun' manivelle,
　　Qui, su' les mollets,
Lançot d' l'iau par des robinets.
　　Ayant r'chu ch' lav'mint,
　　Cheull' fill', tristemint,
　　Arrivot d'vant li,
Honteuss' comme un vrai piche-au-lit.
　　« Pour parler d'un franc luron, ⎫
　　Ch'est d' Philippe-l'-Bon. » ⎭ Bis

« On d'mand' si ch'l action,
Et vingt parell's qu'a faites ch' prince,
Mérittent l' sournom
Qu'i porte incore à ch't heure : *l' Bon.*
Mi, d'puis que j' sais cha,
J' l'ai tout bonn'mint surnommé *l' Rinse,*
On m'in critiqu'ra,
On m'in blam'ra tant qu'on vodra.
Par un d' ses propos,
On nous appell' *Sots !* (*)
A chacun sin dû,
Ch'est un prêté pour un rindu.

« Pour parler d'un franc luron, } *Bis.*
Ch'est d' -Philippe-l'-Bon. »

(*) Un jour que Philippe-le-Bon était venu à Lille, les habitants lui donnèrent un grand festin. On avait placé au milieu de la table la représentation d'un château-fort, dont les portes s'ouvrirent au dessert, pour laisser passer une foule de petites marionnettes qui portaient les grelots et le bonnet de la Folie et qui se mirent à prendre leurs ébats devant les convives. C'était un vrai chef-d'œuvre de mécanique. Le duc rit aux larmes de cette surprise qui était tout-à-fait dans ses goûts, et on l'entendit souvent répéter : « Ah, je me souviendrai longtemps des *Sots de Lille.* » Et voilà pourquoi l'on dit que tous les Lillois sont des sots. C'est peut-être une histoire apocriphe, mais elle constitue une tradition. Les Lillois, au lieu de se fâcher d'un sobriquet peu flatteur en définitive, l'ont bravement accepté, et, à l'occasion, ils se chargent de prouver à leurs amis comme à leurs ennemis, qu'ils ne sont pas si sots qu'ils le disent eux-mêmes.

ÉMILE GACHET.

L'AMOUREUX FARCEUX

Air nouveau de l'auteur.

(Noté. — N° 25.)

A mon ami Médard Sioen.

V'là deux mos qu' j'ai fait l' connaissance
D'un garchon des pus dégourdis,
Et d'puis ch' moumint-là, m'n existence
M' donn' comme un goût du Paradis.
Il a tell'mint l'esprit cocasse,
Il a si bien l' pas pou' d'viser,
Qu'avec li, toute eun' soiré' s' passe,
A babiller, rire et graingner.
  Ah ! foi d' Victoire,
  Vous povez m' croire,
 Il est farceux, bien farceux,
   M'n amoureux.

Comme l' dot faire eune honnêt' fille,
Quand i m'a fait s' déclaration,
J'ai dit : « Cha s'rot trop difficile,
Pour avoir l'intré' de m' mason. »
Ah ! pour cha, n' vous cassez point l' tiête,
Qui m' dit, partons, je l' demand'rai.
Quand j' devros passer pa' l' ferniête,
Vous povez compter que j' l'arai...

  Ah! foi d' Victoire,
  Vous povez m' croire,
 Il est farceux, bien farceux,
   M'n amoureux.

A deux, nous allons trouver m' mère,
Qui récurot sin cauderlat.
I raconte aussitôt s'n affaire,
In parlant comme un avocat.
In intindant sin biau langache,
M' bonn' mèr' n'a point su résister.
In attindant qu' j'intre in ménache,
Ell' m'a permis de l' fréquenter.

  Ah ! foi d' Victoire,
  Vous povez m' croire,
 Il est farceux, bien farceux,
   M'n amoureux.

Les dimanche' et les jours de fiête,
A deux, nous allons pourmener.
Au cabaret comme à l' guinguette,
On est joyeux de l' vir intrer.
Quand on cri': V'là ch' farceux d'Gratt'-Pauches!
Et qu' pou' l' vir, on allonge l' cou,
I dit : « Ch'est mi ! in chair, in oches,
Tout-à-fait comm' Saint-Amadou ! »

  Ah ! foi d' Victoire,
  Vous povez m' croire,
 Il est farceux, bien farceux,
   M'n amoureux.

Quoiqu'il y fait des farce' atroces,
Bien intindu, sans méchanc'té.
Dins l' quartier quand i n'y-a des noces,
Il est bien sûr d'ête invité.
De l' part des mariants, comm' ch'est biête !
Car i trouve, avant d' les quitter,
Douz' fos sur treisse, l' moyen d' mette,
Dins leu lit, du poil-à-gratter.

  Ah ! foi d' Victoire,
  Vous povez m' croire,
 Il est farceux, bien farceux,
   M'n amoureux.

Il est, du moins, j' l'ai laiché dire,
Ouverier barbouilleux parfait.
S'il arrive alfos qu'on veut rire,
In li d'mandant l' métier qu'i fait.
I dit : « J' sus peintre in miniature,
Et personne n' me dégott'ra
A fair', d'un carbonnier, l' figure,
Et, d'un cop d' brouche, l' queu' d'un q'va.

   Ah! foi d' Victoire,
   Vous povez m' croire,
  Il est farceux, bien farceux,
    M'n amoureux.

Quoique l' boute-in-train d' tous nos fiêtes,
Queq' fo' un sot, un arriéré,
Comme il a des marques d' poquettes,
Pou' l' faire aller, l' l'appell' mabré !
Quand il intind cheull' sott' parole,
Sans mêm' fair' vir qu'ell' li déplaît,
I répond : « Eun' coss' qui m' console,
Ch'est qu'un biau mabré n'est point laid. »

   Ah ! foi d' Victoire,
   Vous povez m' croire,
  Il est farceux, bien farceux,
    M'n amoureux.

Alfos, pou' l' fair' parler d' mariache,
J' jett' les fêve' après les coulons.
Aussitô', hardi comme un pache,
I m'indort par chés biell's raisons :
« L' mariache est comme eun' friandisse,
Tant pus qu'on l' désir', pus qu' ch'est bon.
Aussi, longtemps, jugez m' franchisse,
De l' désirer, j'ai l'intintion. »

  Ah! foi d' Victoire,
  Vous povez m' croire,
Il est farceux, trop farceux,
   M'n amoureux.

L' BERNATIÈRE SANS ODEUR,

ROMANCE SENTIMENTALE

DÉDIÉE AUX VIDANGEURS DE LA VIEILLE ÉCOLE (*)

Air du Bistocache de Sainte-Catherine.

(Noté dans le 1ᵉʳ volume, N° XVI du Recueil d'airs.)

Un jour, à quatre heur's, passant su' l' plach'de Riour, (**)
    Mon Dieu! que j'ai vu eun' drôl' de scène,
A l'estaminet des *Grand's-Nouvell's-du-Jour* (***),
    Qui mérite, on n' peut mieux, s'n inseinne.
    Je d'mand': Quoi-ch' qui n'y-a? On m' répond:
« Brave homm', ch'est incor eun' nouvielle invintion!
    On vett' comme eun' curiosité,   } *Bis.*
    Désimplir eun' commodité.

(*) On a vainement tenté, jusqu'à ce jour, d'établir à Lille un nouveau système de vidanges. Il est vrai de dire que les entrepreneurs avaient eu l'imprudence de faire pressentir qu'au lieu de payer la matière, comme cela se fait actuellement, ils auraient, au contraire, réclamé un tribut.

(**) Place de Rihour. Ce mot se prononce en une syllabe.

(***) C'est là qu'à eu lieu, en 1858, la première expérience des appareils Losage.

Ah ça ! mais., que j' dis ; vous volez m' faire aller,
    Vous n' me dit's point l' fin mot d' l'affaire,
J'ai biau respirer, biau tousser, biau r'niffler,
    Je n' sins point l'odeur ordinaire.
        « Eh ben ! qu'on m' dit, v'là justemint,
D' cheull' bielle invintion, l' biau côté, l'agrémint...
    Ch'est chin qui fait qu' tous les berneux, ⎫
    Qu' vous veyez là, sont si péneux.   ⎬ *Bis*.

Alors, au pus vite, arrive un bernatier,
    Qui nous dit : « Bonnass's que vous ètes !
Si ch'l invintion prind, j'y perdrai min métier,
    Mais vous, vous arez les mains nettes.
    Mi, j' donn' quat' sous pour un tonniau,
Incor on y met souvint l' demitan d'iau,
    Au lieu qu'à ch't heur' vous l' donn'rez pur, ⎫
    Et vous n'arez rien, j'in sus sûr. »   ⎬ *Bis*.

Cheull' parole a fait cesser l'admiration,
    Qu'on avot pou' l' nouviau principe.
Au bout d'eun' minute, à peu près, d' réflexion,
    Un p'tit fripier, qu'on appell' Ph'lippe,
    Prind *la parole* et dit tout court :
« Mi j' compt' que m' *privé* rapporte un sou par jour.
    J' n'ai donc point b'soin d' fair' *nic-et-nac*, ⎫
    Pour gaingner m' provision d' toubac. »   ⎬ *Bis*.

Eun' petit' méquaine approche et dit comm' cha :
« Dins pus d'eun' *condition* qu'on vante,
Vous savez, mes gins, qu' ch'est avé c' séquoi-là,
Qu'on intertient souvint l' servante.
Pour mi, dins l'grand' famill' que j' sers,
On maing' des poir's cuite' et des pronn's pour desserts,
Si bien que j' n'ai point d'aut' profit,   } *Bis.*
Qu' l'argint que l' *cabinet* produit ! »

Eun' pauv' dintellièr' dit : « M'n homme est un mitin,
Qui tient tout jusqu'au dernier doupe.
Avant d'sin aller, i n' me donn', chaq' matin,
Qu' chin qu'i m' faut pour min pain et m' soupe.
J' comptos su' m' *leunett'* tout-à-fait,
Pour boir' tous les jours tros quat' tasses d' café,
Mais cheull' *Bernatièr' sans odeur,*   } *Bis.*
Va m' priver d' cheull' petit' doucheur.

Un homme, esprit fort, dit : « Mi, j' vodros bien vir
Qu'on m' demand'rot pou' rien *ch'l affaire!*
Ah ça ! que j' diros, mais vous d'vez bien l' sintir,
J'ai tous mes drots d' propriétaire.
Au mêm' prix qu' les anciens berneux,
J' veux bien vous l' céder, sans fair' ni eun' ni deux,
Mais je n' veux point vous vir, mes gins,   } *Bis.*
Rouler caroche à mes dépins ! »

Infin, chacun d'nou' a donné s' réflexion,
　　Su' ch'l invintion des pus cocasses,
Qui f'ra, dins no' ville, eun' vrai' révolution...
　　Quand les lillos s'ront des bonnasses.
　　Aussi, d' nous vir si bien d'accord,
　　Tous les bernatiers s' sont mi' à rir' bien fort,
　　Et ch' n'étot point comme l' sergent,   ⎫
　　Qui n' rit jamais qu'in inrageant.　　　⎬ *Bis,*

JEAN-GILLES.

Air nouveau de l'auteur.

(Noté. — N° 26.)

Dins ch' monde, on l' sait, l'un n'a qu' de l' jouissance,
Boire et mainger, ch'est là tout s'n imbarras,
L'aute, au contrair', n'a qu' tristesse et souffrance,
Et, comme on dit, s' noirot dins ses crachats.
Mi, par bonheur, in amour, j'ai de l' chance.
      Aussi, d' bon cœur,
   Su' l' paroiss' Saint-Sauveur,

    On m'appell' Jean-Gilles,
   L'infant bradé des filles,
     Et vous verrez bien
    Que ch' n'est point pou' rien.

Tout marmouzet, les mabres, les porettes,
Et l' galoch' même n' povott'nt m'amuser,
J'aimos bien mieux, avec des p'tit's fillettes,

Rire et graingner, canter, sauter, danser.
Tout in juan', à l' bleuss'-main, à raquettes,
   Les agacer,
  Et puis les imbrasser.

   On m'appell' Jean-Gilles,
  L'infant bradé des filles,
   Et vous veyez bien
  Que ch' n'est point pou' rien.

I faulot m' vir au mitan d' chés marmottes !
J'avos tout l'air d'un volant racaché,
Quand, bien souvint, par les eune' et les autes,
J'étos poussé, bosculé, pourcaché.
J'ai pus d'eun' fos, même, r'chu des calottes,
   Mais, si douch'mint,
  Qu' j'y trouvos d' l'agrémint.

   On m'appell' Jean-Gilles,
  L'infant bradé des filles,
   Et vous veyez bien
  Que ch' n'est point pou' rien.

Tout jusqu'à là, ch'étot d' l'infantillache.
Par un biau jour, min cœur s'a déclaré
A Célina, qui m'a t'nu ch' biau langache :
« Pour amoureux, j'ai pris D'siré, l' mabré,

Mais si, pus tard, il arriv' du brouillache
        Avé D'siré,
    Ch'est vous que j' queusirai. »

    On m'appell' Jean-Gilles,
    L'infant bradé des filles,
      Et vous veyez bien
      Que ch' n'est point pou' rien.

In attindant, j' m'adresse à Mari'-Claire,
Et, sans m' vanter, j' li dis des si biaux mots,
Qu'ell' vient tout' rouge, et m' dit: « Jean-Gill', j'espère
Povoir, un jour, réponde à vos propos.
Mais, j'intre d'main', pa' l' volonté d' min père,
        Avé l' cœur gros,
    Au *Couvin' à chabots.* » (*)

    On m'appell' Jean-Gilles,
    L'infant bradé des filles,
      Et vous veyez bien
      Que ch' n'est point pou' rien..

Comm', Dieu merci, nous n' manquons point d' jeun's filles,
Dins min quartier, sitôt j' m'adresse incor,
A Gross'-Lisa, qui vind des viell's guénilles.

(*) Maison dite du *Bon-Pasteur*, où l'on place pour un certain temps les jeunes filles dont la conduite laisse à désirer.

Ell' me répond, in soupirant bien fort :
« Ah! j' vas m' marier, et j'ai queusi, Jean-Gilles,
Ch'est comme un sort,
Un biau tambour-major. »

On m'appell' Jean-Gilles,
L'infant bradé des filles,
Et vous veyez bien
Que ch' n'est point pou' rien.

Mais, d' min récit, vous avez l'air de rire,
Et chacun d' vous, pinse in li-mêm' : « Cha s' peut
Que ch' gros garchon est, comme i veut bien l' dire,
Chéri d' tout l' mond', mais j' cros personn' ne l' veut. »
Vous avez tort, chaq' fill' m'aime et m'admire,
Mais, par hasard,
J'arriv' toudis trop tard.

On m'appell' Jean-Gilles,
L'infant bradé des filles,
Et vous veyez bien
Que ch' n'est point pou' rien

L' CAVE DES QUATE-MARTIAUX.

Air nouveau de l'auteur.

(Noté. — N° 27.)

« N'est-i point vrai, qu' pour mainger des Couq'-Baques,
On lairot là, mêm' les pus bons gâtiaux ? »
Ch'est par chés mots, qu' des gins de l' rue à Claques,
M'ont dit d' parler de l' Cav' des Quat'-Martiaux.
 Comm' cheull' cave a, dins m' mémoire,
  Mis pus d'eune histoire,
 A tous chés brav's gins, j'ai dit :
  N'y-ara point d' dédit !

  Avec mi, vrai sans-gêne,
  Blancs-bonnets, capiaux,
  Crié' à perde haleine :
  Viv' les Quat'-Martiaux !

Faut que j' rappell', d'abord, cheull' drôl' d'affaire :
Des marmouzets, un jour, vol'nt un matou.
Tout in conv'nant de l' farce qu'i vont faire,

Tout près d' cheull' cave il' arriv'nt à pas d' loup.
    Sans que l' femme euch' bougé d' plache,
        Dins sin démêlache,
    Il' ont fait plonqué ch' gros cat...
        Pinsez queu dégât !

        Avec mi, vrai sans-gêne,
        Blancs-bonnets, capiaux,
        Crié' à perde haleine :
        Viv' les Quat'-Martiaux !

Eune auter fos, Célestin, dit Bancroche,
A fait ch' biau tour, j'in parle comm' témoin :
Semblant de rien, avec de l' corde à broche,
Il a loyé l' plaque à frir' par un coin.
    Quand, d' couq'baque', il l'a vu' pleine,
        (Pou l' marchand' queull' peine !),
    A tout' gambe' i s'a sauvé,
        L' trainnant su' l' pavé.

        Avec mi, vrai sans gêne,
        Blancs-bonnets, capiaux,
        Crié' à perde haleine :
        Viv' les Quat'-Martiaux !

Dins min jeun' temps, j'ai connu Mari'-Claire.
Ell' me r'butot ; malgré tous mes p'tits soins,
Et les biaux mots que j' dijos pour li plaire,

Je n'n obtenos jamais ni puq', ni moins.
Par six couq'-haque' à l'Ainglaisse,
J'ai, d' cheull' biell' tigresse,
Un biau dimanche, inl'vé l' cœur,
Sans ma ni douleur.

  Avec mi, vrai sans-gêne,
  Blancs-bonnets, capiaux,
  Crié' à perde haleine :
  Viv' les Quat'-Martiaux !

L'été passé, min comarade Ignace,
Etant r'venu d' faire un tour à Paris,
M'apporte un jour de l' galett' du Gymnasse.
L'aïant goûté', tout aussitôt j' li dis :
 « Ch' n'est point méchant, cheull' galette,
  Mais l' fleur de boquette,
 Je l' crîros d'vant mill' témoins,
  Li rind bien des points. »

  Avec mi, vrai sans-gêne,
  Blancs-bonnets, capiaux,
  Crié' à perde haleine :
  Viv' les Quat'-Marteaux !

Chin qui n'y-a d' bon dins ch' restaurant-modèle,
Et chin qui fait qu'on m'y vot si souvint,
Ch'est qu'on peut faire eun' torche sans parelle,

In dépinsant, d'abord, fort peu d'argint,
 Et puis, qu' n'aïant point d' fourchette,
  Ni napp', ni serviette,
 On s' régale eun' deuxième fos,
  In léquant ses dogts.
   Avec mi, vrai sans-gêne,
   Blancs-bonnets, capiaux,
   Crié' à perde haleine :
   Viv' les Quat'-Martiaux !

Des Quat'-Martiaux, si je m' charge d' vous dire
Les biaux côtés, j' veux dire l' drôle aussi :
Sur un placard, comm' mi, vous porez lire
Les mots que v'là : *On ne chant' pas ici !*
  Ch'est trop fort, car eun' couq'-baque,
  Gramint mieux qu' cheull' plaque,
 Pour nous impêcher d' canter,
  Sait s' fair' respecter.
   Avec mi, vrai sans-gêne,
   Blancs-bonnets, capiaux,
   Crié' à perde haleine :
   Viv' les Quat'-Martiaux !

Malgré ch' défaut, cheull' cave est fréquentée,
Dimanche et fiête, au moins d'puis chinquante ans.
Les vieux grands-pèr's qui, par forch', l'ont quittée,

Sont bien heureux d'in parler d' tas in temps.
On peut dir' qu'i n'y-a dins Lille,
Ni garchon, ni fille,
Qui n'a point pris d' l'agrémint
Dins ch'l établiss'mint.

Avec mi, vrai sans-gêne,
Blancs-bonnets, capiaux,
Crié' à perde haleine :
Viv' les Quat'-Martiaux !

L' BAPTÊME DU P'TIT RIQUIQUI.

Air du Testament,

ou de :

On n' peut pus croire à rien..

(Noté. — N° 15.)

Dins l' courant du dernier carême,
Min cousin Riquiqui, l' machon,
Par un matin, 'vient m' dir' que s' femme
Est accouché' d'un gros garchon.
 J'accepte d' bon cœur,
Pou' l' surlind'main, d'ête au baptême,
 Mais là, vrai d'honneur,
Je n' connaichos point min bonheur.

 Ah ! mon Dieu qu' j'ai ri,
Ha ! ha ! ha ! ha ! hi ! hi ! hi ! hi !
 Ah ! mon Dieu qu' j'ai ri,
 Au baptêm' du p'tit Riquiqui !

Comptant sur eun' fiête agréable,
J'arrive à l'heure au rindez-vous.
Vous allez vir, comme mi, que l' diable
Etot v'nu s' mette au mitan d' nous...
    On parle d' s'assir,
Mais, veyant qu' nous s'rons treisse à table,
    On qu'minche à pâlir,
Et même, l' pus vieux veut partir...

    Ah! mon Dieu qu' j'ai ri,
Ha! ha! ha! ha! hi! hi! hi! hi!
    Ah! mon Dieu qu' j'ai ri,
    Au baptêm' du p'tit Riquiqui!

Heureus'mint qu'un nommé Grégoire,
Pour faire l' quatorzièm', paraît.
Il est bien v'nu, vous povez m'croire,
Mais v'là-t-i point qne ch' grand bénêt
    Va, maladroit'mint,
Buter sin pied à l'ochennoire...
    Là-d'sus, l' petit gin
S' révelle et crie: *Ohein!!! ohein!!!*

    Ah! mon Dieu qu' j'ai ri,
Ha! ha! ha! ha! hi! hi! hi! hi!
    Ah! mon Dieu qu' j'ai ri,
    Au baptêm' du p'tit Riquiqui!

Tout in riant d' cheull' drôl' d'affaire,
On s' plache à table et nous maingeons
Eun' salade avec des puns-d'-tierre,
Un lapin avec des ougnons.
  Sans gêne, l' parrain
Dit tout haut : « L' salade n'est point tère ! »
  Mi j' réponds : « L' lapin
Est dur comme un vieux croûton d' pain !

  Ah ! mon Dieu qu' j'ai ri,
Ha ! ha ! ha ! ha ! hi ! hi ! hi ! hi !
  Ah ! mon Dieu qu' j'ai ri,
  Au baptêm' du p'tit Riquiqui.

Là-d'sus Riquiqui, nous fait boire,
In nous promettant du gambon,
Qui régal'rot l' pus glout' mâchoire,
Tell'mint qu'il est gras, qu'il est bon.
  Pinsez queu tintoin
Qu'a ch'l homm', de n' pus l'vir dins s'n armoire,
  Et d' trouver, dins l' coin,
Sin cat qui l' tenot dins sin groin.

  Ah ! mon Dieu qu' j'ai ri,
Ha ! ha ! ha ! ha ! hi ! hi ! hi ! hi !
  Ah ! mon Dieu qu' j'ai ri,
  Au baptêm' du p'tit Riquiqui !

Su' l' temps que l' dernier morciau s' pluque,
On parle d' dire un p'tit couplet,
Min cousin, avé s' voiss' caduque,
Débite l' canchon du *Broqu'let.*

Veyant sin chagrin,
D'avoir, tros fos, perdu s' perruque,
On a dit che r' frain :
« *T'as perdu t' perruqu', min cousin !* »

Ah ! mon Dieu qu' j'ai ri,
Ha ! ha ! ha ! ha ! hi ! hi ! hi ! hi !
Ah ! mon Dieu qu' j'ai ri,
Au baptêm' du p'tit Riquiqui !

Et l' marrain' roucoule eun' romance,
Mais, comme ell' reste in raque aussi,
J' leu dis : « Veyons ! faut faire eun' danse ! »
Tout l' monde accepte avec plaisi.

Dev'nu musicien,
Sur eun' table, aussitôt je m' lance,
Et j' chiffle fort bien,
L'air connu des *Botte' à Bastien !*

Ah ! mon Dieu qu' j'ai ri,
Ha ! ha ! ha ! ha ! hi ! hi ! hi ! hi !
Ah ! mon Dieu qu' j'ai ri,
Au baptêm' du p'tit Riquiqui !

On a fait tout's sortes d' ferdaines,
On a goûté d' mille agrémints.
Comme i n'y-a point d' plaisis sans peines,
On a gaingné des écauff'mints.
  A forche d' chiffler,
Mi, j'ai perdu m'_voiss' pour six s'maines.
  Lon d' m'in désoler,
J' dis, chaq' fos qu'on vient m'in parler :

  Ah ! mon Dieu qu' j'ai ri,
Ha ! ha ! ha ! ha ! hi ! hi ! hi ! hi !
  Ah ! mon Dieu qu' j'ai ri,
Au baptêm' du p'tit Riquiqui !

L' MARCHAND D' FALTRAN.

Air nouveau de l'auteur.

(Noté. — N° 28.)

Pour mi faire eun' fortun' rond'lette,
A m' mod' que j'ai trouvé l' bon plan,
Ch'est d' cesser d' trainner m' vinaigrette,
Pour m'établir marchand d' faltran.
Marchand d' faltran! vous allez rire,
Et trouver qu' j'ai l'air trop balou ;
Déjà, d'ichi, j' vous intinds dire
Que j' manqu' surtout d'un bon bagou.
   Laichez-m' donc faire,
    - D' min savoir-faire
   Que j' vous donne un échantillon,
    Et, par vous-mêmes,
    Les homm's, les femmes,
   Vous allez canger d'opinion.
Vous verrez que j' connos l' trantran,   } *Bis.*
Pour faire un bon marchand d' faltran.

Et t'nez, j' vas vous prouver m'n adresse
A faire l' métier que j' vous dis :
J'ai des biaux p'tits pots, rimplis d' graisse
Faite d' vieux-oing, d'huile et d' chuc gris.
Si j'allos dire à m' clieintèle
La vérité, comm' je m' blous'ros !
Les gins, comme l' quien d' Jean d' Nivelle,
S'in irott'nt quand j' les appell'ros.
  Point si bonnasse,
  Dins ch' mond' cocasse
On n' réussit qu'avé d' l'esbrouf.
  V'là comm' j'appelle
  Cheull' graiss' modèle :
Onguent du sultan Patapouf !

Vous veyez, que j' connos l' trantran,   } *Bis.*
Pour faire un bon marchand d' faltran.   }

Avec mi j'arai des compères,
Des malins comme i n'y-in a point,
Qui f'ront les pus drôl's de manières,
Quand j' distribuerai min vieux-oing.
Pour amuser femme' et fillettes,
Tout aussi bien qu' les gros paours,
L'un donn'ra pou' rien des planètes,
Un aut' dira des calembours ;
  Et puis l' trosième,
  Et l' quaterième,

S'ront chargés des charivaris.
>> Leus-clarinettes,
>> Gross'-caiss', trompettes,
> Rindront les gins comme ahuris.

Vous veyez que j' connos l' trantran, } *Bis.*
Pour faire un bon marchand d' faltran. }

Et mi, j' s'rai là, sur eun' calèche,
Pus fier que d'sus sin tronne, un roi.
In marchant, j'irai tout d'eun' pièche,
Afin d'avoir l'air d'un n' séquoi.
Quand j' débit'rai mes balivernes,
A m'n air sérieux, chacun croira
Qu' des gross's vessi's ch'est des lanternes ;
Comme eun' comète on m'admir'ra..
>> Suivant l'coutume,
>> Sur min costume
> On n' verra qu'or, argint, galons,
>> J'arai l'aisance,
>> L'air et l' prestance,
> *D' Mangin*, l' fameux marchand d' crayons.

Vous veyez que j' connos l' trantran, } *Bis.*
Pour faire un bon marchand d' faltran. }

Avec aplomb, j' dirai que m' graisse
A fait mervelle in tous pays,
In Afrique, in Russie, in Grêce,

A Rome aussi bien qu'à Paris.
Et si quequ'un dout' de m' parole,
N'y-a des si drôl's de pélérins !
J' f'rai vir, pour ta mieux juer min rôle,
Des présints qu' m'ont fait des souv'rains.
  Eun' boîte à prisses,
  Des Etats suisses ;
D' l'Imp'reur d'Autriche, un biau fleuret ;
  Du Roi d'Hollande,
  Eun' grande houpp'lande ;
Du Prince d' Monaco, l' portrait.

Vous veyez que j' connos l' trantran,   } *Bis.*
Pour faire un bon marchand d' faltran. }

Après tout, n'y-ara pus d' doutance,
Quand j' prouv'rai par certificats,
Qu' j'ai r'mis sur pied deux maît's de danse,
Qui n' povott'nt pus fair' d'interchats.
Qu'un musicien, n' povant pus boire,
Etot près de s'jéter dins l'iau ;
Que d'puis qui s'a graissé l' mâchoire,
Il aval'rot cherque et tonniau.
  J'ajout'rai même,
  Qu'eun' petit' femme,
Sans mi, jamais n'arot parlé,
  Car, cheull' bétasse,
  In buvant s' tasse,

S'avot brûlé l' langue et l' palais.

Vous veyez que j' connos l' trantran, }
Pour faire un bon marchand d' faltran. } *Bis.*

Infin, m' idé' qui n'est point sotte,
Et qui d' bien vive m' donn' l'espoir,
Tout d' puis longtemps, dins m'n esprit trotte,
J'y pins' du matin jusqu'au soir,
Ch'est décidé, j' vinds m' vinaigrette,
Mes vieill's nippe' et min mobilier,
Afin d' m'in aller faire emplète
D' chin qui m' faut pou' ch' nouviau métier.
  Et si j' ramasse
  Des doupe' in masse,
 Bien vite, à Lille, j' rabrout'rai,
  Vive d' mes reintes.
  Alors, sans craintes,
 Comme aujord'hui, j' vous répét'rai :

Vous veyez que j' connos l' trantran, }
Pour faire un bon marchand d' faltran. } *Bis.*

LES CABARETS-CONCERTS.

Air de P'tit-Price

ou de

Mes Portraits.

(Noté. — N° 5.)

Ah! queul honneur pour Saint'-Cécile!
Avant deux ans (comm' cha s'ra biau!)
On n' sara pus trouver dins Lille,
Un seul cabaret sans piano.
Déjà, vous povez l' vir vous-mêmes,
L'un s' trouv' dins l' ru' d' l'Abbaye-d'-Loos (*);
J'in connos tros dins l' ru' d' Wazemmes (**).

(*) *Au Bonnet*, rue Jean-Jacques-Rousseau. Un certain nombre de nos rues ont conservé leurs anciennes dénominations. Ainsi, les rues Jean-Jacques-Rousseau, de Thionville et de Tournai, sont encore assez habituellement appelées rues de l'Abbaye-de-Loos, des Carmes et de l'Abbiette. La place de la Mairie qui vient de reprendre son ancien nom de place de Rihour (prononcez Riour, monosyllabe), n'a jamais complètement cessé d'être ainsi désignée.

(**) *A la Justice*, chez *Coelen-Moity*, et *à la Californie*.

Un aut' dins l' ru' des Sahutiaux (*).

    Je n' crains point d' vous l' dire,
    Mes amis, courez,
    Si vous volez rire,
    Dins chés cabarets.

Vous y verrez, dimanche' et fiêtes,
Des homm's, des femm's, tous gais chochons.
Rire et d'viser, boir' leus canettes,
Et, tour-à-tour, dir' des canchons.
Seul'mint, au lieu d' canter à table,
Comm' du passé, ch'est là l' nouviau,
Vous les verrez, ch'est immanquable,
Se t'nir drots tout près du piano.

    Je n' crains point de vous l' dire,
    Mes amis, courez,
    Si vous volez rire,
    Dins chés cabarets.

Vous croyez qu'on n' dit qu' des babioles?
Allez-y vir!... On vous cant'ra
Des boléros, des barcarolles,
Et jusqu'à des airs d'opéra.
Queq' fos l' piano ju' l' ritournelle,

(*) *Au Lion-d'Argent.*

Et l' canteu n'est incor qu'au r'frain...
Ch'est un p'tit malheur pour l'orelle
Qui vodrot tamijer trop fin.

    Je n' crains point d' vous l' dire,
     Mes amis, courez,
     Si vous volez rire,
     Dins chés cabarets.

Eun' fos, j' vos v'nir eun' jeun' fillette;
In mêm' temps, j'intinds dir' qu'elle a
Eun' voiss' clair' comme eune alouette.
Cristi! qu' je m' dis, acoutons cha.
L' musicien, su' sin piano, buque :
Ell' prind trop bas, après, trop haut,
Et finit par *perde s' perruque*,
In trouvant juste l' ton qu'i faut.

    Je n' crains point d' vous l' dire,
     Mes amis, courez,
     Si vous volez rire,
     Dins chés cabarets.

Un ténor soupire eun' romance.
I met, comm' cha, s' main su' sin cœur ;
I parle tout bas, puis, vous lance,
Un cri qui veut marquer l' douleur ;
I dit les tourmints qu'il indure,

Pour eun' fill' qui li fait faux-bond ;
Infin, tout l' temps que s' complaint' dure,
I n' quitt' point les yeux du plafond !

 Je n' crains point d' vous l' dire,
  Mes amis, courez,
  Si vous volez rire,
  Dins chés cabarets.

Un aute arriv' ! Ch'est eun' bass'-talle :
I n' rirot point pour un gambon.
Au premier mot qu'i dit, tout l' salle
Frémit, comm' par un cop d' canon.
Mon Dieu ! qu'il a l'air in colère !
I r'mu' ses bras, ouvre ses yeux
Tous grands, comme eun' porte cochère,
Et r'jette in arrièr' tous ses ch'veux !

 Je n' crains point d' vous l' dire,
  Mes amis, courez,
  Si vous volez rire,
  Dins chés cabarets.

Après cha, ch'est l' tour d'un comique :
Rien qu'in veyant s' démarche, on rit ;
A s' faire applaudir, i s'applique :
Par des grimace', i réussit.
Ah ! qu'il est farce ! ah ! qu'il est drôle !

I parle all'mand, normand, ainglais...
Veyant qu'i ju' si bien sin rôle,
On cri' : *bis !* à tous les couplets.

    Je n' crains point d' vous l' dire,
    Mes amis, courez,
    Si vous volez rire.
    Dins chés cabarets.

Infin, j' vas vous in dire eun' bonne,
Acoutez, cha m' paraît curieux :
Queq' fos, dins chés soirée', on donne
Un prix, à ch'ti qui cante l' mieux.
Pour les homm's, l' prix, cha s' devine,
Ch'est eun' biell' pipe, un p'tit coutiau...
Pour les femm's, ch'est eun' crinoline,
Accrochée au-d'sus du piano.

    Je n' crains point d' vous l' dire,
    Mes amis, courez,
    Si vous volez rire,
    Dins chés cabarets.

Ete apprinti avant d'êt' maîte,
Ch'est eun' règle dins tout métier.
Pus d'un d' chés conteu' a, peut-ête,
Deux chint mill' francs dins sin gosier.
Qu'un jour, avec un p'tit peu d' chance,

Il' arriv'nt à profiter d' cha,
On ira, des quat' coins d' la France,
Les applaudir à l'Opéra.

    Je n' crains point d' vous l' dire,
    Mes amis, courez,
    Si vous volez rire,
    Dins chés cabarets.

VINGT ANS.

Air nouveau de l'auteur.

(Noté. — N° 23.)

Ah ! vous l' direz comm' mi,
Mes gins, ch' monde est vraimint cocasse.
　Au lieu d' prind' du plaisi
In véritable sans-souci,
　Pour tacher d' ramasser
Queq's sous, on s' trimousse, on s' tracasse,
　On laiche, ainsi, passer
Les pus biaux jours, sans s'amuser.
　Mais quand vient l' vieillesse,
　Comme i n'est pus temps,
　On s' dit : « L' pus biell' richesse,
　Ch'est d'avoir vingt ans.

Quand j' deviendros propriétaire
　　Et millionnaire,
　　Je r'grett'ros toudis
　　Mes vingt ans chéris. » } *Bis*

Ch'est qu'à vingt ans, vraimint,
On est au printemps d' l'existence ;
　　Dins tout sin corps, on sint
Comme eune espèce d' contint'mint ;
　　Sans trop savoir pourquoi,
Dins l'av'nir on a d' l'espérance,
　　Et l' moindre p'tit séquoi,
Peut nous rinde heureux comme un roi.
　　　Le r'gard d'eun' fillette,
　　　Fait palpiter l' cœur,
　　　In mêm' temps qu'il y jette
　　　Huit jours de bonheur.

Quand j' deviendros propriétaire
　　　Et millionnaire,
　　　Je r'grett'ros toudis
　　　Mes vingt ans chéris. 　} *Bis.*

A l'égard des vieill's gins
Je n' vos point l' bonté de l' nature :
　　Ell' leu-z-inlèv' les dints,
Et l' goût d' mainger, tous l's agrémints.
　　Jeune, on a d' l'appétit,
Tout paraît bon pou' l' norriture :
　　Quand l' morciau n'est point p'tit,
Ch'est tout, bien vite on l' l'ingloutit.
　　　On maing' des puns-d'-tierre,
　　　Avec pus d' plaisi,

Qu'eun' riche et viell' rintière,
Un poulet farci.

Quand j' deviendros propriétaire
    Et millionnaire,
      Je r'grett'ros toudis
      Mes vingt ans chéris.   *Bis.*

Quand il a tiré l' sort,
Qu'i li faut quitter père et père,
   A moins d'ête un butor,
Un conscrit brait tout sin pus fort;
   Mais quand l' bruit du canon,
Du tambour, de l' trompett' guerrière,
   A l'orell' de ch' garchon,
Vient faire un affreux carillon,
    Sans peur, ni bravade,
    Nouviau débarqué,
    I cour' à l' fusillade,
    Comme au bal masqué.

Quand j' deviendros propriétaire
    Et millionnaire,
      Je r'grett'ros toudis
      Mes vingt ans chéris.   *Bis.*

Alors, on est heureux,
Mêm' quand on est cousu d' misère,
   Car on trouv' tout au mieux :

On pins' que l' monde est généreux.
    On aim', là! sans détour,
Un comarade autant qu'un frère;
    On pinse aussi qu' l'amour,
Quoiqu'on in dit, dur' pus d'un jour.
    Mais comme l' front s' plisse,
      Quand, par un matin,
    Tout d' mêm' qu'un artifice,
    Tout ch' biau fu s'éteint...

Quand j' deviendros propriétaire
    Et millionnaire,
      Je r'grett'ros toudis   } *Bis.*
      Mes vingt ans chéris.

LES REVENANTS.

PASQUILLETTE.

Du temps
Qu'on avot peur des r'venants,
(N'y-a pus d' chint ans),
Eun' fillett', servante au villache,
A bien étonné l' mond' par sin corache.
Et ch'est si vrai, qu'un armena (*),
Qu' j'ai là,
Parle de ch'l affaire assez bielle,
Comm' d'eun' mervelle.

Ch'étot par eun' soiré' d'hiver.
I pleuvot; on n' veyot point clair
A quat' pas; l' vint donnot d' tell' sorte,
Qu'i r'muot tout, ferniête' et porte,
Et cassot des abre' in passant...
A des femm's, des fill's, s'adressant,
Un homm' dijot cheull' sotte histoire :

(*) Calendrier de la *Loi de la ville de Lille*, année 1774.

« Allez, m's infants,
On a bien raison d' croire
Tout chin qu'on nous dit des r'venants.
Un cousin de l' sœur de m' gra-mère,
M'a raconté qu'eun' rich' fermière,
Su' l' point d' morir, à fait jurer
A s'n homm' de n' jamais se r'marier,
Et d' fair' dir' tous les s'maine' eun' messe ;
Que ch'l homm' n'aïant point t'nu s' promesse,
Pindant près d' quarante ans, chaq' nuit,
Juste à minuit,
Elle arrivot, faijant craquer ses oches,
Li fair' des r'proches,
Li donner des pich'nett's su' l' nez,
Et l' tirer par les pieds !.. »

Croirez-vous que ch'l histoir' cocasse,
Raconté' par un gros bonnasse,
Avot fait frémir tous chés gins,
Les p'tits, les grands, comm' les moyens,
Et qu' personn' n'osot pus rien dire ?..
Eun' servant', pourtant s'mé' à rire,
Et dit tout haut : « Vous croyez cha,
Vous aut's ? Eh ben ! vous èt's bonn's là !
Mais ch'est des bêtiss's sans parelles !
Si tous les femm's des infidèles,
Et les homme' aussi, cha s' comprind,
Povott'nt ainsi, comme on l' prétind,

R'venir, vous l' comprindrez vous-mêmes,
    Bonn's femmes,
Nous arîme' autant de r'venants
    Que d' vivants !
Et puis, peut-on vous l' dire
    Sans rire ?
Si quéqu'un d' mort povot r'venir,
Est-ch' qu'i s'rot si sot de r'partir ?
Mi j' cros si peu chés fariboles
    Si droles,
Que j' veux parier du pain-perdu,
Pour nous tertous, avé ch' gadru,
Qu'à minuit, tout seu, j'irai quère
Eun' tiêt' de mort à no' chim'tière...
« Acceptez-vous, luron ? qu'ell' dit. »
L'homm' répond : « N'y-ara point d' dédit ! »

L'heur' venue, ell' se mé' in route,
Les pieds dins l'iau, n'y veyant goutte...
Ell' n'avot point l'air d'y pinser,
Et marchot, mêm' sans trop s' presser.
Infin, elle arrive à l' chim'tière,
Passe au-d'sus de l' porte d' derrière,
Et s'in va tout dro' au charnier,
Quèr' cheull' tiêt' qui dot l' fair' gainguer.
Tout près d' là, derrière eune hayure,
L' gros païsan, qui t'not l' pariûre,
S'avot plaché, pour li fair' peur,

In faijant le r'venant, l' sans-cœur.
Au moumint qu'ell' crot s'n affair' faite,
Et qu'à s' mette in route, ell' s'apprête,
Elle intind, censémin', un mort,
Crier chés mots, tout sin pus fort :
   « *Laiche un p'tit peu là m' tiête !!!* »
Sans se l' fair' dir' deux fos, l' fillette,
A cheull' voiss' térible, obéit.
« Ch'est drol' qu'il y tienn' tant, qu'ell' dit !
Infin, ch'est qu' ch'est s' marotte,
A ch' mort !.. » — Elle in prind vite eune aute,
Qu'ell' roul' dins sin moucho d' coton,
Pou' l' porter tout d' suite à s' mason.
Mais l' voiss', comme un chantre in furie,
   Li crie :
Par tous les saints du Paradis,
   Laich'-là m' tiête ! j' te dis !!!
A chés mots, vous l' croirez sans peine,
Cheull' pauv' fill' brait comme eun' Mad'leine ;
Elle a peur tout d' bon... — Mais r'marquant
Qu' ch'est l' mêm' son d' voiss' qu'auparavant,
Ell' dit : « Mais te m' prinds pour eun' sott', ti, chosse !
   T'as point deux tiêt's, suppose !!!
In tous cas, dis chin qu' te vodras,
   J' m'in vas.

LETTRE A MIMILE,

SUR LES TRANSFORMATIONS DE LA VILLE DE LILLE.

Air : Vive l' crinoline !

(Noté. — N°17.)

L'aut' fos, min cousin Mimile,
Soldat parti pour sin tour,
A fait savoir à s' famille
Qu'i vient d'êt' nommé tambour.
Comme i d'mandot des nouvelles
Du pays, bien intindu,
J'ai dit : « J' vas tin dir' des bielles ! »
Et sitôt, j'ai répondu :

« Tout d'puis qu' t'es, Mimile,
Dins tin régimint,
Nous avon', à Lille,
Chaq' jour du cang'mint. »

« Te sais, cheull' fameuss' guinguette,
Uch' que nos pèr's, nos taïons,
Comm' nous-mêm's, les jours de fiête,
Ont dansé tant d' rigodons ?
Cheull' pauv' *Nouvielle-Avinture !*
On l' l'a démolie, un jour...
I n'in reste qu'eun' gravure, (*)
Que j' te f'rai vir à tin r'tour.

    Ah ! d'puis qu' t'es, Mimile,
    Dins tin régimint,
    Nous avon', à Lille,
    Chaq' jour du cang'mint »

« L' ru' de *l' Nef* et l' ru' d' *Termonde*,
Comme l' *Marqué-au-Verjus*,
Sont passés dins l'auter monde,
On n'in parle déjà pus.
Et chés gargott's de l' Grand'-Plache :
L' *Maurien*, l' *Tiêt'-d'Or*, les *Quat'-Cœurs !*
On n'in vot pus même l' plache...
Les gargotiers sont ailleurs.

    Ah ! d'puis qu' t'es, Mimile,
    Dins tin régimint,
    Nous avon', à Lille,
    Chaq' jour du cang'mint. »

(*) Éditée par MM. Horemans et Kokempoo.

« Te n' verras pus l' vieux *Calvaire*,
Uch' qu'infant, t'allos, min fieu,
Les Jeudis-Saint', avé t' mère,
Bajer les pieds du bon Dieu.
Te n' verras pus l' *Port' de l' Barre*;
Ni l' rempart de ch' côté-là,
Par un jour, sans crier : Gare !
On a culbuté tout cha.

 Ah ! d'puis qu' t'es, Mimile,
 Dins tin régimint,
 Nous avon', à Lille,
 Chaq' jour du cang'mint. »

« I n' faut point, fieu, qu' te t'inf'noulles,
Mais t'aras biau voyager,
Pour trouver l' *Poste-à-Guernoulles*,
Uch' que nous allîm's nager ;
Te n' verras pus... Mais, j' m'arrête....
Pous dir' tout chin qu'on défait,
I m' faudrot t'écrire eun' lette,
Gross' comme eun' ball' de café.

 Ah ! d'puis qu' t'es, Mimile,
 Dins tin régimint,
 Nous avon', à Lille,
 Chaq' jour du cang'mint. »

« Mais, fait-à-fait qu'on culbute
Du vieu', on r'fait du nouviau ;
On rimplach' tout' viell' cahute,
Par un bâtimint fort biau ;
On n' vot pus qu' des ru's nouvielles,
Et qui dégott'nt, pou' l' largueur,
Jusqu'à nos ancienn's, si bielles !
Les ru's d' *Five'* et d' *Saint-Sauveur*.

  Ah ! d'puis qu' t'es, Mimile,
  Dins tin régimint,
  Nous avon', à Lille,
  Chaq' jour du cang'mint. »

» On fait des boul'vards, des plaches,
D' tous côtés ; des biaux gardins ;
Des mason' à quate étaches,
Avec des grands magasins ;
Des log'mints comm' pour des princes...
S'il est vrai, l' dicton qui dit :
« Qui bâtit, pâtit !. » te pinses,
Si dins no' ville on pâtit !

  Ah ! d'puis qu' t'es, Mimile,
  Dins tin régimint,
  Nous avon', à Lille,
  Chaq' jour du cang'mint. »

« Un p'tit mot pour nos artistes :
Comm' tout l'univers, te sais
Qu' nos joyeux orphéonistes
Ont vaincu les Bordelais.
Pour qu'on s' rappelle ch'l affaire,
Dins mille ans, apprinds, garchon,
Qu'eun' ru', qu'on est in train d' faire,
S'appelle l' ru' d' l'Orphéon !

    Ah ! d'puis qu' t'es, Mimile,
    Dins tin régimint,
    Nous avon', à Lille,
    Chaq' jour du cang'mint. »

« Infin, min fieu, pour mieux dire,
On r'tourne tout dins ch' pays,
Qui d'viendra, j'ose l' prédire,
Comme un coin du Paradis.
Dins vingt ans, s' biauté, Mimile,
F'ra dir', dins tout l' mond' connu :
« Qui n'a point vu l' vill' de Lille,
Est eun' gin qui n'a rien vu ! »

    Ah ! d'puis qu' t'es, Mimile,
    Dins tin régimint,
    Nous avon', à Lille,
    Chaq' jour du cang'mint. »

LES SOUVENANCES

OU

L'AMOUR OMBRAGEUX.

Air nouveau de l'auteur.

(Noté. — N° 30.)

A mon ami Constant Portelette.

BASTIEN, d'une voix tremblotante.

Tiens ! ch'est comm' vous , Mari'-Christine !

CHRISTINE, de même.

Quoi ! ch'est bien vous, compèr' Bastien !

BASTIEN.

Ah ! mon Dieu , qu' vous avez bonn' mine !

CHRISTINE.

I m' senne aussi qu' vous s' portez bien.

BASTIEN.

Hélas ! non, m' lampe est presque éteinte ..

CHRISTINE.

Ah ! l' mienne n' brûl'ra pus longtemps.
Mais, puisque l'occasion s' présinte ,
Rappélons-nous donc no' jeun' temps !

ENSEMBLE.

Pour adouchir peine et souffrance ,
Quand on est vieu', usé, cassé ,
Heureux, qui conserve l' souvenance
Des histoires du temps passé.

BASTIEN.

Ah ! Dieu merci ! j'ai bonn' mémoire ,
Malgré qu' j'approche d' septante ans ,
Car je m' rappell', vodrez-vous m' croire ?
Mêm' nos conversations d'infants.

CHRISTINE.

J' peux vous in dire autant mi-même.
In y pinsant, que d' fos j'ai ri !
A six ans, vous m'app'lis : P'tit' femme !
Et mi, j' vous dijos : P'tit mari !

ENSEMBLE.

Pour adouchir peine et souffrance,
Quand on est vieu', usé, cassé,
Heureux, qui conserve l' souv'nance
Des histoires du temps passé.

———

BASTIEN.

Je m' souviens qu' vous avis, Christine,
L' tiêt' près du bonnet.... car, un jour,
In colèr' vous avez, mâtine !
D'un cop d' pied, foncé min tambour.

CHRISTINE.

Si vous m' dit's cha pou' m' faire un r'proche,
J' vous rappell'rai qu'à l' biell' catou,
Qu' m'avot donné m' cousin' Boboche,
Eun' fos, vous avez cassé l' cou.

ENSEMBLE.

Pour adouchir peine et souffrance,
Quand on est vieu', usé, cassé,
Heureux, qui conserve l' souv'nance
Des histoires du temps passé.

———

BASTIEN.

Vous êtite' eun' vrai' dégourdie,
Un vrai diable... avec nous, garchons,
Vous avez jué chint fos, j' parie,
Au pied *Pied-d'Agach'*, même *aux Rougnons!*

CHRISTINE.

Ah! ch'est vrai, j'étos des pu' arses,
A courir, à sauter, grimper.
Aussi, quand nous faijim's des farces,
On n' povot jamais m'attraper.

ENSEMBLE.

Pour adouchir peine et souffrance,
Quand on est vieu', usé, cassé,
Heureux, qui conserve l' souv'nance
Des histoires du temps passé.

BASTIEN.

Ah! chà, je n' le sais qu' trop, grippette!
Un jour, pernant l' cat d' min cousin,
Vous l' loyez, pa' l' queue, à l' sonnette
De l' mason d'un gros marchand d' vin.

CHRISTINE.

J' m' sauve! et v'là qu'un domestique,
Sorte, armé d'eun' manche à ramon;

I vous attrap', vous donne eun' trique,
Jusqu'à temps qu' vous demandez pardon.

ENSEMBLE.

Pour adouchir peine et souffrance,
Quand on est vieu', usé, cassé,
Heureux, qui conserve l' souv'nance
Des histoires du temps passé.

BASTIEN.

Mais, tout d'un cop, v'là l' garchonnière
Qui fait l' mamzelle!... Un jour, je l' vos,
Habillé' comme eun' rich' fermière,
Et peindue au bras d' grand Franços.

CHRISTINE.

Vous n'allez point vous plaind', supposse?
Un an pus tard, et d'un bon cœur,
Nous v'nons vous inviter à l' noce,
In qualité d' garchon d'honneur!

ENSEMBLE.

Pour adouchir peine et souffrance,
Quand on est vieu', usé, cassé,
Heureux, qui conserve l' souv'nance
Des histoires du temps passé.

BASTIEN.

J'accepte, et, calé comme un prince,
A l'Autel, brav'mint, j' vous conduis;
Tout l'argint qu' j'avos, je l' dépinse,
J' bos, j' danse et j' cant' deux jours, deux nuits.

CHRISTINE.

J' n'ai jamais bien compris, ch'l affaire,
Ni personn' pus qu' mi, ch'est certain.
Vous, triste, ombrageux, d'ordinaire,
Vous étit' là l' gai boute-in-train.

ENSEMBLE.

Pour adouchir peine et souffrance,
Quand on est vieu', usé, cassé,
Heureux, qui conserve l' souv'nance
Des histoires du temps passé.

BASTIEN.

Mais, quequ's jour' après cheull' bombance,
Qui m' donne un écauff'mint, me v'là,
Sans parole et sans connaissance,
Su' l' point d' morir, à l'hôpita.

CHRISTINE.

D' vous vir ainsi, j'avos tant d' peine,
Qu'à *Saint-Maurice*, au *Dieu d' Pitié*,

J'ai qu'minché tout d' suite eun' neuvaine...
Et j' cros qu' cha vous a r'mis sur pied.

ENSEMBLE.

Pour adouchir peine et souffrance,
Quand on est vieu', usé, cassé,
Heureux, qui conserve l' souv'nance
Des histoires du temps passé.

BASTIEN.

In sortant d' l' hôpita, j' m'ingache,
Espérant bien qu'un biscaïen,
Qu'un boulet, qui cach'rot d' l'ouvrache,
Invoirot, d' l'aut' côté, Bastien.
Mais, bah ! j'assiste à dix batalles,
Pressé d'in finir, plein d'action,
A m'n orell' j'intinds l' bruit des balles,
Et j'attrape... eun' décoration !

ENSEMBLE.

Pour adouchir peine et souffrance,
Quand on est vieu', usé, cassé,
Heureux, qui conserve l' souv'nance
Des histoires du temps passé.

CHRISTINE.

Bastien, vous m'espliqu'rez ch' mystère !...
Voloir morir !...

BASTIEN, à part.

Bah ! nous somm's vieux,
A la fin, j' peux cesser de m' taire !...
(Haut, à Christine.)
L'amour m'a rindu malheureux !

CHRISTINE.

J' vodros dire un mot qui console.
Et je n' me rappell' que ch' dicton,
Qui dit comm' cha : « Faute d' parole,
Hélas ! on meurt sans confession.

ENSEMBLE.

Pour adouchir peine et souffrance,
Quand on est vieu', usé, cassé,
Heureux, qui conserve l' souv'nance
Des histoires du temps passé.

———

BASTIEN.

Vous êt's veuv', dins l' misèr', peut-ête ?

CHRISTINE.

Point d' peut-ête, i n'y-a rien d' pus vrai.

BASTIEN.

Mi, j' sus riche, avecque l' retraite
Que j' touch' comm' sergent décoré.
Partageons jusqu'à temps que j' meure...

CHRISTINE.

Merci, Bastien ! Bastien, merci !

BASTIEN.

Nous s' verrons, chaq' jour, eun' bonne heure,
Et nous d'vis'rons comme aujord'hui.

ENSEMBLE.

Pour adouchir peine et souffrance,
Quand on est vieu', usé, cassé.
Heureux, qui conserve l' souv'nance
Des histoires du temps passé.

L'AGILITÉ.

VIEILLE ANECDOTE. (*)

L'aut' jour, un farceux m'a fait rire,
Par eune affair' qu'il est v'nu m' dire,
Et que j' veux vous r'dire à min tour.
Cha vous prouv'ra, pus clair que l' jour,
Comm' l'a fait vir tant d' fos Jocrisse,
Qu'alfos l'esprit s' trouv' dins l' bêtisse.

Gros'Bâtiss', païsan d' Mouscron,
Est domestiqu' d'eun' grand' mason.
A l' vir avec sin biau costume
Tout galonné, suivant l' coutume
Chez les gins riche' et d' qualité,
Quand i passe, on est comm' tenté,
Tell'mint qu'i s' donne eun' biell' prestance,
D' croir', comm' li, qu'il a d' l'importance,
Et pourtant ch' n'est qu'un grand bêta
Qui n'intind ni *hue!* ni *ah dia!*

(*) Ce sous-titre indique suffisamment que nous ne nous attribuons pas l'invention de cette pasquille.

Un dimanche, l' fille d' sin maîte,
Pour sin malheur, s'a mis dins l' tiête
D'aller faire un p'tit tour à q'va.
Tout aussitôt, ell'-mêm', s'in va
Donner l'orde à sin domestique
D' l'accompagner avé s' bourrique.
Les v'là partis ; et chaq' passant,
Veyant cheull' fill' su' sin q'va blanc,
N' décessot d'admirer s' tournure.
Mais tout d'un cop, v'là que s' monture,
In passant tout près d'un molin,
A peur et fait sin rinquinquin.
Malgré les cris, les cops d' cravache,
Ell' rue, ell' gigotte à l' mêm' plache,
Et culbute, infin, sans façon,
Cheull' biell' mamzell' sur un gazon,
Mais d'eun' si malheureuss' manière,
Qu' Bâtisse a vu....

              Mais l' cavalière,
Qui n' s'avot presque point fait d' ma,
Se r'lève, et, r'monté' su' sin qu'va,
Fièr' d'avoir moutré tant d' corache,
A Bâtisse ell' dit tout' bénache :
As-tu vu mon agilité ?

Bâtisse répond : « J' l'ai vu', mamzelle.
Mais je n' savos point qu' cha s'appelle
De ch' nom-là, dins l' bonn' société. »

L' PARJURÉ.

Air du Graissier.

(Noté. — N° 3.)

Nos fiêt' s'in vont ! cha n'a rien d' drôl', tout passe.
Avecque l' temps, l' nouviau rimplach' l'ancien,
Et puis, l'ancien vieillit, paraît cocasse,
Si bien qu'un jour, on dit qu'i n' vaut pus rien.
    In tros quat' mots, ch'est l'histoire,
      Vous povez bien m' croire,
      Du jour si r'nommé,
    Qu'à Lille, on appell' *Parjuré*.

    Ah !... ch'est eun' drôl' de fiête,
      J'in conviens.
    — Elle plaijot peut-ête,
      A l's anciens.

Dins queq's ainnée', elle ara fini d' rire.
Ch'est eun' raison pour qu'un faijeu d' canchons
S' mette à l'ouvrache, avec l'intintion d' dire,
Là-d'sus, l' fin mot, à des joyeux chochons,
    Qui l' répét'ron' à leu femme...
    Leus infants f'ront d' même,
    Et, d' cheull' manièr'-là,
Dins deux chints ans, pus d'un dira :

    Ah !... ch'est eun' drôle de fiête,
      J'in conviens.
    — Ell' plaijot peut-ête
      A l's anciens.

Cheull' fiête arriv' tout au qu'minch'mint d' l'ainnée.
Ch'est un lundi, jour fait pour s'amuser,
Tout l' long de l' vill' et presque tout l' journée,
On n' peut point fair' tros pas, sans rincontrer
    Des ouverier' in foufelle,
    Et par ribambelle,
    Marchant d'un bon train,
Avec un p'tit sa dins leu main.

    Ah !... ch'est eun' drôl' de fiête,
      J'in conviens.
    — Elle plaijot peut ête
      A l's anciens.

Et tous chés gins qui vont comm' cha si vite,
Ch'est des machons, carpintiers, barbouilleux,
Des porteux d' morts, des porteux d'iau bénite,
Des bedoulieux, des brouteux, des sonneux ;
  Ch'est, infin, des ramonneusses,
   (Ch'est les pus p'loteusses),
  Et des porte-au-sa...
I sont bien dins leu rôl', cheuss'-là.

   Ah!... ch'est eun' drôl' de fiête,
    J'in conviens.
  — Ell' plaijot peut-ête,
    A l's anciens.

I vont souater, l'idée est assez bielle,
Eun' bonne ainné', pour tacher d'obtenir,
Par chi, par là, eun' bonn' petit' dringuelle.
Cha réussit... Mais quand on les vot v'nir,
  On leu fait dir' par eun' bonne :
   « Allez!... n'y-a personne! »
  Euss', comm' des futés,
Y r'vont, sans gêne, eune heure après.

   Ah!... ch'est eun' drôl' de fiête,
    J'in conviens.
  — Elle plaijot peut-ête
    A l's anciens.

Infin, vient l' soir, on arrête ch'l ouvrache.
Les pourcacheux vont dins queq' cabaret,
Compter les sous. — Quand on a fait l' partache,
Chacun s'in va du côté qui li plaît.
   Pus d'un cour', avec cheull' somme,
    Rel'ver sin Royaumé...
   Car, pauvre au matin,
  Au soir, il est l' Roi d'un festin !

   Ah !... ch'est eun' drôl' de fiête,
    J'in conviens.
  — Ell' plaijot peut-ête
    A l's anciens.

LA CAFETIÈRE.

CHASON DÉDIÉE AUX HABITANTS DE SECLIN QUI, APRÈS AVOIR ENTENDU
MA CHANSON DU CAFÉ, M'ONT FAIT PRÉSENT
D'UNE CAFETIÈRE D'ARGENT.

Air de l'Habit de mon Grand-Père.

(Noté dans le 3ᵉ volume, p. 83.)

Un jour, à S'clin, pour mi, queull' fiête !
J'ai canté l' canchon du *Café*.
Je n' prétinds point qu'elle est bien faite,
Mais j' dis qu'elle a produit d' l'effet.
    N'allez point rire
    D' chin que j' viens d' dire.
Eun' preuv' qu'elle a donné bien d' l'agrémint,
    Ch'est qu' l'assistance,
    Comme eun' souv'nance,
M'a fait présint d'eun' biell' caf'tièr' d'argint.
    Pour qu'on s' rappelle eun' telle affaire,
    Même après qu' j'arai trépassé,
    Presque aussitôt j'ai composé
    Cheull' canchon su' l' caf'tière.   *(Bis.)*

Et t'nez ; j' vous l' dis, homm's, femme' et filles,
Je n' sais vraimint point pourquoi qu' j'ai,
Tout d'puis l' temps que j' fais des pasquilles,
Laiché derrière un tel sujet.
  Car, in Belgique,
   In Amérique,
Au Portugal, au Mexique, au Pérou,
  Tout comme in Chine,
   In Cochinchine,
In Italie, in Afrique, à Moscou,
Tout aussi bien qu'in Inguelterre,
Et les pays qu' je n' sais point l' nom,
Il'est rar' qu'on trouve eun' mason,
  Sans qu'on trouve eun' caf'tière. *(Bis.)*

Mais j' n'ai point b'soin sortir de Lille,
Pour fabriquer chinq six couplets.
Tantôt, j' rincontre l' femme Sézille,
In passant dins l' ru' des Robleds.
  Ell', si drolette,
   J' vos qu'ell' me r'vette
Avec des yeux tout rougis, d'avoir bré ;
  Triste, mi-même,
   J' di' à cheull' femme :
« Est-ch' que vo'-n-homme, hier, a ribotté ?...
Comm' chaq' fos qu'i bot par trop d' bière,
I vous ara giffé l' vaurien !... »
Ell' me répond : « Cha n' s'rot mi' rien,
  Il a cassé m' caf'tière !!... » *(Bis.)*

On sait qu'à l' fiête d' Saint'-Cath'rine,
L'amoureux qui n' donn' qu'un bouquet,
Est sûr d'avoir eun' méchant' mine,
Et mêm' de r'chevoir sin paquet.
  Quand vient ch'l époque
  Drôle et barroque,
Pus d'un garchon, pour éviter des frais,
  Laich'-là s' maitresse,
  Rimpli' d' tristesse...
I n'est point rar' qu'on s' raccommode après.
 Mais si l'amoureux, franc compère,
 Du mariache aspire l' moumint,
 Soyez sûrs qu'i li f'ra présint
  D'eun' biell' petit' caf'tière.   *(Bis.)*

 Ch'est qu'eun' caf'tière est bien utile :
 Est-i besoin d' vous l' rappéler ?
 Quand l' guignon nous fait fair' de l' bile,
 Elle est là pour nous consoler.
  Dins sin ménache,
  Qu'un homme s' fâche,
Avé s' caf'tière s' femme l' rappaj'ra ;
  Si des fillettes,
  Pou' d's amourettes,
Vienn'nt à s' brouiller ; ell' les raccomod'ra.
 Aussi, bosculé pa' l' misère,
 Quand on a presque tout vindu,
 On s' dit : « Bah ! tout n'est point perdu
  Tant qu'i reste l' caf'tière. »   *(Bis.)*

Aussi, mes gins, j' comprinds sans peine
Chin qu' l'auter jour m'a raconté,
In buvant no' canett', sans gêne,
Un imployé du Mont-d'-Piété.
« Tiens ! m'a dit ch'l homme,
Te peux croir', comme
Eun' vérité qui sortirot d'un puits,
Chin que j' vas dire :
Châles d' cach'mire,
Etoffes d' soie, or, argint, perl's, rubis,
Vieux mobiliers, nippe' à berlières,
Vienn'nt chaq' jour dins ch'l établissemint,
Mais j' t'assur' qu'on n' vot qu' bien rar'mint
Ingager des caf'tières »   *(Bis.)*

Pour in r'venir à l' politesse
Qu' m'ont fait les habitants de S'clin,
J' vous dirai que j' busis sans cesse
A les r'mercier par un festin.
Mais, su' m' parole,
Chin qui m' désole,
Ch'est de n' trouver que ch' moyen récauffé...
Bah ! j' l'ai dins l' tiête,
Un jour de fiête,
J' les régal'rai d'eun' bonn' tass' de café.
Conv'nez qu' ch'est bien l' moins que j' peux faire,
Car, si j'ai du chagrin, d' l'einnui,
Pour avoir min cœur réjoui,
J' n'ai qu'à vir leu caf'tière.   *(Bis.)*

LE MARIAGE DE VIOLETTE,

PASQUILLE ET RONDE

- Suite de la pasquille : VIOLETTE (2ᵉ volume.)

***

A M. Ch. de Franciosi.

Quand Violett', l'infant-trouvé,
Du régimin' est arrivé,
Chacun d' vous se l' rappell' peut-ête,
Su' l' Réduit nous avons fait fiête ;
In l'honneur de ch' petit tambour,
Homme' et femm', pindant tout un jour,
Ont laiché d' côté leu-z-ouvrache.
Aussi, ch'garchon, d'un air bénache,
Nous a dit : « Comm' min mariache
Avec Rosett', va s' fair' bétôt,
J' vous invite à l' noce à l'écot ! »
In intindant cha, quequ'un d' riche

Arot bien sûr dit : « Est-i chiche,
D'inviter sin monde in payant ? »
Comme à s' plach' nous in f'rîme' autant,
Nous n'avons rien trouvé là d' drôle.
Au contraire, à cheull' biell' parole,
Tous les voisse' ont crié : « Cha va ! »
Et d' fait, à quat' semaines d' là,
Les mêm's gin' étott'nt à chés noces.
Uch' que j'ai vu les drôl's de cosses
Que j' vas tacher d' vous raconter,
Si vous volez bien m'acouter :

Comm' nous étîmé' à gramint d' monde,
Tous les homme' ont di' à la ronde :
« N'y-a point dins Lille un cabaret
Assez grand pour nous rinsérer. »
« Ch'est juste ont répondu les femmes,
Mais, n'avons-nous point là Wazemmes ?
Wazemme', à ch't heur', ch'est Lille aussi,
Et, pour cheull' raison, allons-y.
Nous trouv'rons l' Nouvielle-Avinture
Avec ses gloriette' et s' verdure,
Avec eun' sall' de danse, infin,
D'eun' longueur à n' point vir la fin. »

Si bien qu'après l' cérimonie
   Finie,
Nous somm's partis tertous,
   Bras d'sus, bras d'zous,

Et nous avons vu l' table prête,
Car, sans nous rien dir', Violette,
Aïant bien prévu l'imbarras,
Avot pécha qu'mandé le r'pas...
Comm' nous avîme' eun' faim du diable,
Au pus vite on s'a mi' à table,
Et, d'puis l' bouillon jusqu'au gigot,
Tout un chacun a fait l' muot.
Ch'est ainsi quand cha s' passe in orde :
Nul n'a l' temps d'aboyer pour morde.
Mais quand l' gigo' est arrivé,
Tous les farceu' ont bien prouvé
Qui n'avott'nt point perdu l' parole.
Chaque homm', chaq' femme a jué sin rôle,
In adressan' à nos mariants,
Des mot' à double sins... criants.
Tell'mint criants que l' bonn' Rosette,
El'vé' comme eun' jeun' fille honnête,
A rougi jusqu'au blanc des yeux,
Mais sans rien dire, et ch'étot l' mieux
Qu'ell' povot faire, car, eun' coutume,
Cha n' se cang' point comme un costume,
Et, vous l' savez, *l' jour du bonheur*,
Les mariants ch'est des souffre-douleur.
I n'y-a point d' farce qu'on n'a faite :
L'och' du gigot, sur eune assiette,
Avec deux puns-d'-tierre alintour,
De l' table, a fait tout douch'mint l' tour,

Pour arriver jusqu'à Rosette,
Obligé' d' faire eun' biell' risette...
A Violett', tout aussitôt,
On a r'passé un abricot...
On leu dijot : « Fait' eun' bonn' torche,
Allez, cha vous donn'ra de l' forche,
Et vous verrez comme on n'n a b'soin... »
Su' ch' temps-là, quequ'un avot l' soin
D' mett' du poivre dins leus assiettes...
Et des femm's, des diable' in cornettes,
Ont dit, surtout, les pus gros mots,
Quand on a mié les-z-haricots.
Heureus'mint, l' petit Violette
N'avot point d' peine à leu t'nir tiête.
Quand on dijot l' grosseur d'un œué,
I répondot l' grosseur d'un bœué.
Ch'est qu'on s' forme vite, au service :
On s'in va triste et tout novice,
On r'vient malin comme un fichau.
A propos, j'oblios l' pus biau :
Pindent qu'on raconte eun' bêtisse,
V'là que l' garchon-d'honneur, Bâtisse,
Passe d'zous l' table et va douch'mint,
Inl'ver l' guertier !... Point d'impêch'mint..
Tout joyeux, de d'zous l' table, i sorte
In triomphant, et nous apporte
Un p'tit cordiau d' laine et d' coton,
Malheureus'mint, *couleur chitron !*

Ch'est alors qu'on n'n a dit des drôles !
Oh ! la ! la !... Tous les fariboles,
Les quolibiec' et les cancans
Qu'on di' et fait d'puis six chints ans
Su' les homm's mariés... malheureux,
On les a r'dit' et r'fait', au mieux.
A tel point que l' pauv' Violette
Etot v'nu blanc comme eun' serviette.
Mais s' petit' femme, in veyant cha,
Prind la mouche et dit : « Halte-là !
Il est temps d'arrêter ch' riache,
Sans cha, vous broull'rez min ménache.
Si ch' garchon, comme un vrai nigaud,
S'abusse d' gambe, et va tout d'go,
Inl'ver l' guertier de l' femm' Ringotte
Au lieu du mien, ch'est-i de m' faute ?
Ouvrez l'œul ! vous sarez l' fin mot. »

Elle se r'trousse, et, tout aussitôt,
Nous fait vir, avec assurance,
Un ruban couleur *d'espérance !*

Là-d'su', on a claqué des mains,
A fair' croire à tous les voisins
Qu'i v'not d'arriver eun' tempête ;
On a tertous bajé Rosette,
In riant du garchon-d'honneur
Qui gardot l' mot nigaud su' l' cœur...
Après l' deinner, dins les gloriettes,

On a couru, comm' des fillettes,
Et pus tard, au son du crin-crin,
Nous avons dansé dins l' gardin;
Infin, comm' ch'étot l' mos d' novembre,
Au soir on a r'monté dins l' cambre,
Uch' qu'on a fait l' diable et sin train,
Jusqu'à près d' chinq heur's du matin.
Vons veyez que j' veux finir vite..
Eh ben! j' n'ai point parlé d' Magrite !
Magrite, l' bonn' mèr' des mariants !
Ah ! cristi ! j' m'in vodrai longtemps,
Mais, ch' n'est rien, j' vas réparer m' faute :

Figurez-vous qu' cheull' bonn' mérote
Etot rajeuni' d' vingt-chinq ans,
D' vir marier ses deux biaux infants.
Elle a, comm' nous, fait tous les danses,
Bu et maingé, dit des romances;
Et, l' pus fort, au moumint d' partir,
Ell' nous a dit, pour nous r'tenir :
« On a rar'mint l'occasion d' rire,
Profitons-in. J' vodros vous dire,
Si j' m'in rappelle, eun' vieill' canchon
Faite esprès pour danser au rond.
Allons, plachez-vous là, mamzelles,
Et vous, garchons, vis-à-vis d'elles.
Rapp'lez-vous, qu'in cantant le r'frain,
Faut tourner in s' donnant la main. »

RONDE DU TEMPS PASSÉ.

(Noté. — N° 31.)

LES FILLES.

Puisque nous somm's des jeun's fillettes,
Et qu' vous èt's là des jeun's garchons,
A rire, à graingner, nous somm's prêtes,
Si vous n' fait's point trop les démons...

LES FILLES ET LES GARCHONS.

Au rond ! au rond ! au rond ! au rond !...
Amusons-nous, garchons, fillettes, } *Bis.*
Au rond, dansons des rigodons.

LES FILLES.

A rire, à graingner nous somm's prêtes,
Si vous n' fait's point trop les démons...

LES GARCHONS.

Si vous n'èt's point par trop grippettes,
Nous s'rons douch's comm' des p'tits moutons...

LES FILLES ET LES GARCHONS.

Au rond ! au rond ! au rond ! au rond !
Amusons-nous, garchons, fillettes, } *Bis.*
Au rond, dansons des rigodons.

LES GARCHONS.

Si vous n'èt's point par trop grippettes,
Nous s'rons douch's comm' des p'tits moutons.
Si vous volez nous pincher, faites,
Car, à no' tour, nous vous pinch'rons...

LES FILLES ET LES GARCHONS.

Au rond! au rond! au rond! au rond!
Amusons-nous, garchons, fillettes,   } *Bis.*
Au rond, dansons des rigodons.

LES GARCHONS.

Si vous volez nous pincher, faites,
Car, à no' tour, nous vous pinch'rons,
Si vous nous donnez des pich'nettes,
Avec plaisi nous les r'chevrons...

LES FILLES ET LES GARCHONS.

Au rond! au rond! au rond! au rond!
Amusons-nous, garchons, fillettes,   } *Bis.*
Au rond, dansons des rigodons.

LES GARCHONS.

Si vous nous donnez des pich'nettes,
Avec plaisi nous les r'chevrons...
Mais, gare, alors, les colinettes,
In badinant nous les inl'vrons...

LES FILLES ET LES GARCHONS.

Au rond ! au rond ! au rond ! au rond !
Amusons-nous, garchons, fillettes, } Bis.
Au rond, dansons des rigodons.

LER GARCHONS.

Mais, gare, alors, les colinettes,
In badinant, nous les inl'vrons...
On n' vous les rindra, p'tit's serpettes,
Qu'avec eun' forte punition...

LES FILLES ET LES GARCHONS.

Au rond ! au rond ! au rond ! au rond !
Amusons-nous, garchons, fillettes, } Bis.
Au rond, dansons des rigodons.

LES GARCHONS.

On n' vous les rindra p'tit's serpettes,
Qu'avec eun' forte punition...
Cha s'ra d' nous bajer à pinchettes,
Six fo', intre l' né et l' minton...

LES FILLES ET LES GARCHONS.

Au rond ! au rond ! au rond ! au rond !
Amusons-nous, garchons, fillettes, } Bis
Au rond, dansons des rigodons.

LES GARCHONS.

Cha s'ra d' nous bajer à pinchettes,
Six fo', intre l' né et l' minton...

LES FILLES.

Si ch'est là tout l' ma qu' vous nous faites,
On n' peut point mieux, nous s'intindrons...

LES FILLES ET LES GARCHONS.

Au rond ! au rond ! au rond ! au rond !
Imbrassons-nous, garchons, fillettes,   } *Bis.*
Au rond, dansons des rigodons.

FIN DE LA RONDE.

Faut-i vous dire qu' cheull' vieill' ronde
A fait grand plaisi à tout l' monde ;
Qu'on l'l'a canté', dansé' vingt fos,
Pou l' savoir jusqu'au bout des dogts,
Et qu'in l' cantant tout l' long de l' route,
On a mis tout l' ville in déroute ?
Non, non, j' vos bien qu' vous s'in doutez,
Et pour cheull' raison-là, je m' tais.

UNE DOUCE CONSOLATION,

VIEILLE ANECDOTE (*)

Un homm', su' l' point d' faire l' dernier voyache,
 A s' femm' qui s' délamintot,
  Dijot :
« Ah ! surtout, chin qui m' décorache,
Et qui m' fait morir tristemint,
Ch'est d' vir que j' te donn' tant d' tourmint ;
Ch'est d' pinser qu'après m' triste affaire,
Tes yeux n' serviront pus qu'à braire,
 Et ch'est, infin, d' savoir
Qu'un jour, peut-ête, au désespoir,
Te t'in iras trouver l' rivière,
Pour finir, tout d'un cop, t' misère...
Rien qu' d'y pinser, tiens, j'in frémis !
Aussi, te peux croir' chin que j' dis :
J' m'in iro' avec moins d' tristesse,
Si te volos m' faire l' promesse
De t' marier avec gros François,
 Qui t'a quer... et qui m'aime.... »

. . . .

— Te peux morir tranquill', dit l' femme,
 Justemint, j'y pinsos.

(*) Voir la note, page 208.

VOCABULAIRE.

A la suite d'une petite notice sur l'orthographe du patois de Lille, placée en tête du premier volume des *Chansons et Pasquilles lilloises*, j'ai donné un vocabulaire suffisant pour faire connaître le sens exact des locutions et des mots peu usités que j'avais employés dans cet ouvrage.

Dans le second volume, ce vocabulaire a été augmenté ou restreint en raison des mots nouvellement employés ou de ceux dont je n'avais plus fait usage.

La première édition du 3ᵉ volume a paru sans notes ; la seconde en a un certain nombre placées au bas des pages.

Le petit travail qui suit est la reproduction des vocabulaires précédents, avec des additions relatives au 3ᵉ et au 4ᵉ volume.

Ce n'est pas un dictionnaire du patois de Lille, ni même un vocabulaire proprement dit. C'est une sorte de recueil de notes propres à faciliter la lecture de mes chansons.

VOCABULAIRE.

ABUSER (S'). *v. p.* Se tromper, se méprendre.
> Vous m'avez pris pour un bonnasse,
> Qui croirot cha... *vous s'abusez.*

ACAR (Fis d'). Fils d'archal. Figurément, jambes longues et fluettes.

ACATER. *v. a.* Acheter.

ACHELLE. *s. f.* Buffet simplifié. Il consiste en quelques planches à rebord posées contre la muraille, à côté de la cheminée. Les bonnes ménagères sont toutes fières d'y étaler leurs plats d'étain qui *terluisent*, disent-elles, comme de l'*argint*. Dans le dictionnaire *rouchi*, ce meuble est appelé *assiéle*, et l'auteur dit que c'est parce qu'on y pose des assiettes. *Achelle* est le vrai mot lillois.

ACHELLIER-ÈRE. *s.* Qui construit ou loue des barques. Ce mot pourrait bien venir, par une sorte de métaplasme, d'*archelier*, constructeur d'*arches*, ou de nacelier, par apocope.

AGACHE. *s. f.* Pie. Nous disons marcher, sauter à *pied-d'agache*, pour marcher, sauter à cloche-pied. Le jeu de la marelle, dont la description très-détaillée et très-exacte se trouve dans les *Les Jeux chez tous les peuples du monde*, par Bescherelle aîné, est appelé chez nous : *Le pied d'agache.*

AGOBILES. *s. f. p.* Objets mobiliers hors d'usage, ustensiles de ménage, vieux ou de peu de valeur.

AGRIPPIN. *s. m.* Crochet d'une agrafe ; l'autre partie se nomme *portelette*, à cause de sa forme, qui est celle d'une petite porte ronde.

AIWILLE. *s. f.* (prononcez: aiwile). Aiguille.

AJOULIER. *v. a*, Litt. rendre joli ; enjoliver une maison par des guirlandes de fleurs, un bonnet par des rubans, etc.

ALFOS, *adv.* Parfois, quelquefois.

AMEUR (Être in). C'est être émotionné par une circonstance extraordinaire, heureuse ou malheureuse.

Une personne est *in ameur* lorsque, apprenant une nouvelle qui la touche, elle exprime chaleureusement sa joie ou sa peine.

Un peuple est *in ameur* lorsqu'il fait une révolution ;

Une fête populaire met également toute une population *in ameur*.

Veyant cha, les gins d' Saint-Sauveur
Eun' pair' d'heure' après *étott'nt tou' in ameur*.

AMICLOTER. *v. a.* Dodiner un enfant, lui donner des soins affectueux. On le dit pour les grandes personnes, mais on y attache, dans ce cas, une certaine ironie. *Il a trouvé l' femme qu'i li faut ; elle l'amiclot'ra tant qui vodra.*

AMITEUX-SE. *adj.* Affable, aimable, prévenant.

AMONITION (Pain d'). Pain de munition.

ANGOUCHE. *s. f.* Douleur vive, cuisante, mais de peu de durée. Une personne se pique ou se brûle, elle s'écrie : *Ah! queulle angouche !* Une autre se heurte contre un corps dur et éprouve une douleur subite qui l'oppresse, on lui dit : *Cha n' s'ra rien, ch'est l'angouche.*

On a souvent traduit ce mot par angoisse. C'est probablement le même mot, mais angoisse désigne une douleur morale, une grande anxiété, tandis qu'*angouche* ne s'applique généralement qu'à la douleur physique.

ANWILLE. *s. f.* (pr. *anwile*). Anguille.

APLOPIN. *s. m.* Apprenti. En mauvaise part, ouvrier maladroit.

APPOUCHENNER. *v. a.* Avoir pour un enfant les soins qu'une poule a pour ses poussins (pouchins).

ARLAND-DE. *s.* Lambin, lambine, maladroit, maladroite.

Dans la plupart des jeux, ceux qui perdent la partie ont le droit de commencer, les premiers, la suivante ; aussi leur dit-on en forme de consolation goguenarde : « *Honneur aux arlands!* » On a, conséquemment, le verbe *arlander*, qui signifie lambiner, faire maladroitement une chose.

ARS-E. *adj.* Ardent, vif; subtil, qui a de l'élan. Du vieux verbe *ardre*, brûler.

Dicton : *L'argint rind ars les gins.*

Ce mot se prononce comme s'il s'écrivait avec une h aspirée : *Des gins-h-ars.*

ARTICHAUD. *s. m.* Nom d'un gâteau en pâte feuilletée.

ATAU. *s. m.* Fête marquante. M. Hécart le fait dériver d'*ator*, parure, appareil, parce que d'habitude on renouvelle, les jours de fête, ses vêtements. Roquefort le définit : *fête natale*, parce que les fêtes de Pâques, Pentecôte, Toussaint et Noël, sont quelquefois appelées les quatre nataux, du mot *natal*, qui ne convient, à proprement parler, qu'au jour de Noël.

ATTIQUER. *v. a.* Attacher.

ATTIQUANT. *partic. prés.* du verbe attiquer. Terme du jeu du bouchon (*La galoche.*). Jouer *d'attiquant*, c'est faire en sorte que le palet reste à l'endroit où l'on a eu l'intention de le placer, de *l'attiquer*, pour ainsi dire. Ce coup se joue en lançant le palet de champ.

AVARICIEUX-SE. *adj.* Avare.

AVEC, s'écrit de trois manières, suivant l'enchaînement des mots : *avé, avec, avecque*. Les lois de l'euphonie exigent ces transformations.

AVULE. *s.* Aveugle.

AWI. Oui.

BACHE ou BAJE. *s. f.* Baiser.

BABACHE ou BABAJE. *s. f.* Diminutif de baiser. On appelle *gros babache*, une personne, homme ou femme, qui a de grosses joues.

BABENNE. *s. f.* Bobine, lèvre. On dit, dans ce dernier sens, *juer des babennes*, pour manger.

BABENNEUX-SE. *s.* Ouvrier filtier, qui bobine.

BADINE (A la), *loc.* Marcher *à la badine*, c'est marcher en se donnant le bras. Nos ouvriers ne se promènent guère de cette façon que les jours de fête, alors qu'ils n'ont qu'un but : le plaisir. Aussi, pour eux, *marcher à la badine*, a le sens de marcher en folâtrant, en badinant.

BADOULET. s. m. C'est par ce mot qu'on exprime l'action de se rouler sur l'herbe ou du haut en bas d'un talus.

BADOULETTE (grosse). Femme qui a de l'embompoint et l'air plein de santé. On la croit sans doute, à cause de sa rotondité, plus propre qu'une autre à faire des *badoulets*.

BAGOU. s. m. Elocution facile ; jactance.

Dicton : *Avec un bon bagou on s' tire de tout.*

BAIE. s. f. Jupe, du nom d'une étoffe (*siamoise*), que l'on fabriquait dans le nord de la France au XVIe et au XVIIe siècle.

BAJER. v. a. Donner un baiser.

BALEINE. s. f. Les ouvriers disent qu'un métier, qu'un commerce est *à l' baleine*, lorsqu'il ne va pas.

BALLE (passer la). Se dit dans les réunions chantantes, pour accorder la parole à quelqu'un.

BALOCHER. v. a. Balancer. Se moquer de quelqu'un ; *le faire aller*. *Charrier* a le même sens.

BALOCHOIRE. s. f. Balançoire, escarpolette.

BALLOT. s. m. Tuyau de cheminée, la partie qui s'élève au-dessus du toit.

BALOU-SSE. s. Les mots ne manquent pas, en patois, pour exprimer la niaiserie, la badauderie, la crédulité, la sottise. Eh bien ! le mot *balou* les renferme tous. Non pas tous à la fois cependant : l'expression *tonale* et celle du geste, déterminent l'acception qu'on lui donne.

Ainsi que l'a fait remarquer M. P. Legrand dans son *Dictionnaire du patois de Lille*, les Lillois en font une sorte de mot de ralliement, lorsqu'ils se trouvent isolés dans un lieu public hors de Lille. Assistant un soir à la représentation de *Daphnis et Chloé*, au théâtre des Bouffes-Parisiens, l'acteur lillois DESIRÉ, qui représentait le dieu Pan, m'aperçut, et, fidèle à cet usage, se mit à crier : *Eh balou !*

BALOUFFES. s. f. p. Grosses joues.

BAN. s. m. Applaudissement en cadence imité d'une batterie militaire. Le mot est d'un usage général, mais on a fait, à Lille, subir à la chose de nombreuses modifications. Nous avons, outre le ban simple et le ban redoublé, qui n'offrent aucune particularité, nous avons, dis-je, le *ban de cavalerie*, le *ban de chats*, le *ban de chiens*, le *ban de canards*, etc. C'est-à-dire qu'en battant la mesure on imite un air de clairons ou le cri des animaux ci-dessus nommés. Celui qui commande le ban a dans sa prestance quelque chose d'un tambour-major qu'il représente en effet. Tous les regards sont fixés sur le sien pour y lire le signal de la fermeture du ban. Alors, si, suivant la règle, toutes les mains ont frappé comme une seule main, il s'écrie triomphalement : *Bien ! n'-y-a point d' conscrits !* Mais s'il y a un conscrit, la punition suit immédiatement la faute. Le conscrit monte sur une table, et là, on lui fait boire, très-lentement, un verre d'eau, tandis que ses camarades chantent à l'unisson :

> I vo passer pa' l' trou glou glou
> De ma tanturlurette ;
> I va passer pa' l' trou glou glou,
> De ma tantourlourou !

BANSE. *s. f.* Grand panier d'osier. — Femme de mauvaise vie.

BANSÉLIER. *s. m.* Mannelier — La rue des Manneliers est encore communément appelée *rue des Banséliers*.

BASILE. *subst. et adj.* Niais, crédule. *Basilic* a la même signification.

BATILLER. *v. n.* Se battre.

BÉARD-DE. *s.* Qui regarde, la bouche ouverte.

BÉBÉ. *s. m.* Ce mot, à lui seul, n'a aucune signification. Lorsqu'il est accompagné d'un qualificatif tel que *biau, fameux*, employé comme antiphrase, c'est une sorte d'interjection dépréciative. Ainsi quelqu'un citera un fait en y attachant de l'importance. On lui répondra, pour qu'il en rabatte : *Ch'est un fameux bébé !*

BEDOULE. *s. f.* Boue.

BEDOULIEU, *s. m.* Ouvrier employé à l'enlèvement des boues.

BÉN ACHE. *a. d. d. g.* Je l'écris en deux mots pour démontrer plus clairement qu'il signifie *bien aise*, mais on prononce *bénache*.

BERDELACHE. *s. m.* Bagatelle, futilité.

BERDOULE. *s. f.* Femme sans ordre, brouillon.

BERLEAU ou **BERLIAU.** *s. m.* Mauvais café.

BERLIÈRE. *s. f.* Vieux morceau d'étoffe, lambeau. S'emploie le plus souvent dans ce dernier sens. *Patalon à berlières*, en lambeaux.

BERLOU-QUE. *adj.* Qui louche.

BERNATIER. *s. m.* Vidangeur.

BERNEUX, *s. m.* Vidangeur.

BERTONNER. *v. n.* Grommeler, gronder.

BÉTOT. *adv.* Bientôt.

BIS (Faire). Je vous présente une fameuse antiphrase. Vous croyez peut-être que faire *bis* veut dire recommencer une chose ? point. C'est ne pas la faire du tout. Ainsi, faire l'école buissonnière, ne pas aller travailler, c'est faire *bis*. *Faire bis à l'école, à l'ouvrage*, etc.

BISTOCACHE. s. m. Objet donné en présent à l'occasion d'une fête.

BISTOQUER. v. a. Faire un présent à quelqu'un, le parer d'un bouquet, lui en offrir un.

BLANC-BONNET. s. m. On désigne les femmes par *blancs-bonnets* et les hommes par *capiaux*.

BLANC-CAILLOT. s. m. Nom d'un fromage. — Il n'est pas inutile de remarquer que, comme en allemand, nous mettons presque toujours l'adjectif avant le substantif. Ainsi nous avons les cours du *Vert-Lion*, du *Vert-Debout;* les rues du *Vert-Bois*, du *Court-Debout;* les enseignes du *Rouge-Bouton*, de la *Grasse-Vache*, etc.

BLASON. s. m. Dans un grand nombre de sociétés ou de corporations, le jour de la fête, le *valet* ou garçon de service, fait hommage à chaque sociétaire d'une image grossièrement coloriée, montée sur une plume d'oie et qui représente le saint sous le patronage duquel la compagnie est placée. Cette image se nomme *blason*. Le blason des archers, représente Saint-Sébastien, celui des ménétriers, Sainte-Cécile, celui des boulangers, Saint-Honoré, etc.

BLEUSSE. adj. féminin de bleu.

BLEUSSE. s. f. Menterie.

BLEU-TOT. Littéralement, *toit-bleu;* l'un des noms populaires de l'hospice-général de Lille. C'est sans doute une allusion à la couleur des ardoises dont il est recouvert.

BONNIQUET. s. m. Coiffe de femme. On dit plaisamment qu'un homme a reçu des coups de *bonniquet*, lorsqu'il a été grondé par sa femme.

BŒUÉ. s. m. Monosyllabe. Bœuf.

BOQUETTE (Fleur de). Fleur de blé sarrazin, dont on se sert pour la fabrication des *couques-baques*.

BOUCAN (Faire). Faire du tapage.

BOUJON. s. m. Barre ou bâton de chaise : échelon.

BOULOCHE. s. f. Tout ce qui, sur une chose quelconque ordinairement unie, prend plus ou moins la forme d'une boule, se nomme *bouloche* On dit d'une personne dont l'humeur est inégale, déplaisante, qu'elle a un *caractère à bouloches*.

BOURLER. *v. n.* Tomber d'une manière risible ; en roulant. — Jouer à la boule.

BOURSIAU. *s. m.* Bosse à la tête, causée par le choc d'un corps dur.

BRADÉ-E. *adj.* Gâté, usé, détérioré. On dit *infant bradé*, pour *enfant gâté*.

BRADER. *v. a.* Gâter, au moral comme au physique.

BRADERIE. *s. f.* Si nous n'écrivions que pour les Lillois, l'explication de ce mot serait inutile. Aux étrangers, nous dirons que c'est le nom d'une de nos plus grandes fêtes populaires. Ce jour-là, il n'y a pas plus de vingt ans, notre ville était convertie en un vaste *Temple* ; chaque habitant vendait ou faisait vendre à sa porte des vêtements ou autres objets surannés. Ce n'était point l'amour du lucre qui guidait nos concitoyens en cette occasion, les objets *bradés* étaient donnés aux servantes. Hélas ! la braderie s'en va, elle meurt dans les échoppes des fripiers qui s'en sont emparés pour la faire tourner à leur bénéfice. — La Braderie a lieu le lundi qui suit le jour de l'ouverture de la foire.

BRAIRE. *v. n.* Pleurer. *Braire les yeux déhors.* Manière figurée de dire que l'on a les yeux tellement grossis, gonflés par les larmes, qu'ils sortent de leur orbite. — *Braire à tahu, braire in tahutant*, pleurer à sanglots.

BRANDVIN. *s. m.* Eau-de-vie. Mot flamand, avec la prononciation française.

BRASSER. *v. a.* Mitonner. Préparer doucement, sans bruit, une affaire que l'on veut voir réussir en temps opportun.

BRAVE. *a. d. d. g.* Bien mis.

Ch'est bien li, vettiez, ch'est li-même.
Qu'il est brave ! qu'il a l'air gogu !

BRÉARD-E. *adj.* Pleureur, pleureuse. Au féminin on dit plus ordinairement *Bréoire.— Madeleine-Bréoire*.

BRELLE. *s. f.* Mèche de cheveux raides et mal peignés.

BRÉOU. *s. m.* Enfant qui pleure souvent.

BRISCADER. *v. a.* Briser, gâter, déchirer, détruire, mal employer son temps, son argent.

BROND'LER, *v. n.* Tomber.

BRONSER, *v. n.* Trembler, avoir peur, redouter une chose.

BROQUELET. *s. m.* Petite broche ou fuseau à l'usage des dentellières. De là vient le nom de leur fête.

BROUCHE. *s. m.* — Brosse. On appelle *sotte brouche*, une fille ou une femme qui a l'esprit léger, qui est sans jugement.

BROUCHER. *v. a.* Brosser.

BROUILLACHE. *s. m.* Brouille.

BROUTTER. *v. a.* Brouetter. Figurément, ne plus savoir se *broutter*, c'est ne plus être en état de se conduire.

BRUANT. *s. m.* Hanneton. — On donne le nom de *bruant* à tout individu, homme ou femme, qui agit avec lenteur.

BUER. *v. a.* Lessiver.

BUICHE. *s. f.* Tuyau de poële.

> On critiqu' nos ménagères
> Pa' c' qu'on vot tout l' long du jour,
> Su' l' *buich'* *du poële*, eun' caf'tière...

BUQUER, *v. a.* Frapper.

BURESSE. *s. f.* Buandière. Nous avons logiquement conservé les vieux mots français : *Buerie*, buanderie, et *buer*, lessiver, blanchir et nettoyer le linge.

BURGUET. *s. m.* Avant l'établissement des trottoirs, presque toutes nos caves avaient une construction extérieure surmontée d'une plate-forme en pierre bleue. Cela s'appelait *burguet*, de même qu'on nommait *burg*, la cage en maçonnerie bâtie au-dessus d'un puits.

BUSETTE. *s. f.* Petit tube en papier, dont on se sert dans les filatures et sur lequel on roule le coton avant de le placer sur la broche.

BUSIER. *v. n.* Penser, réfléchir profondément ou mélancoliquement.

C. Dans une très-grande quantité de mots commençant par *ch*, le patois n'admet que le C. Par contre, là où le français n'emploie qu'un *c*, il introduit presque toujours une *h*. La nomenclature des mots où ces transformations s'opèrent tiendrait beaucoup trop de place, je n'en donnerai que quelques-unes.

Caîne, chaîne ; *calit*, chalit ; *cambre*, chambre ; *capiau*, chapeau ; *candelle*, chandelle, etc.; *chinq*, cinq ; *cheinture*, ceinture ; *chivière*, civière ; *machon*, maçon.

CABAS. *s. m.* Panier en cuir ou en paille. — Chapeau d'une forme arriérée. — On appelle aussi *cabas* les dévotes qui négligent les modes. (P. Legrand, *Dict. du patois de Lille*).

CACHE-QUIEN. *s. m.* Littéralement chasse-chien. Nom dérisoire que l'on donne aux bedeaux, et aussi, aux suisses d'églises.

CABOCHE. *s. f.* Tête.

CACHER. *v. a.* Chercher.

CACHER-PERDU. *loc. Cacher-perdu* quelqu'un, c'est le tracasser, l'obséder, le mettre aux abois, Par conséquent, être *caché-perdu*, c'est se trouver dans un grand embarras, ne savoir, comme on dit, où donner de la tête.

CACHIVEUX-SE. *s. et adj.* Qui a ordinairement les yeux chassieux.

CAÏF, Onomatopée du cri des chiens lorsqu'on les bat. On dit de celui qui se plaint d'un malheur qu'il suppose devoir arriver, qu'il crie *caïf* avant d'avoir reçu le coup.

CAFIAU ou CAFTIAU. *s. m.* Café très-faible.

CAFOTIN. *s. m.* Etui servant à renfermer des épingles et des aiguilles.

CAIRESSE. *s. f.* Loueuse de chaises dans une église.

CALÉ (Ete). Être bien mis.

CAMANÉTER. *v. n.* Cancanner.

CAMANETTE *s. f.* Femme cancanière.

CAMPONNE. *s. f.* Compagne.

CANARIEN. *s. m.* Canari, serin.

CANCHON-DORMOIRE. *s. f.* Chanson que disent les femmes pour endormir les enfants.

> Dodo, mamour,
> Des souliers de v'lours,
> Des souliers de maroquin,
> Dors, min p'tit pouchin.

ou quelque autre du même genre.

Par extension, les paroles inintelligibles que prononcent ordinairement les enfants au moment de s'endormir, s'appellent aussi *canchon-dormoire*.

Ma chanson qui porte ce titre est une de celles qui ont obtenu le plus de vogue, aussi m'a-t-on fait l'honneur d'en critiquer le deuxième couplet qui commence ainsi :

> Et si te m' laich' faire eun' bonne semaine,
> J'irai dégager tin biau sarrau,
> Tin patalon d' drap, tin gillet d' laine...

On a prétendu qu'un enfant au berceau ne porte ni sarrau, ni pantalon, ni gilet, et qu'ainsi ce couplet est un non-sens.

Je réponds à cette assertion que le sarrau dont il s'agit n'est pas, comme on semble le croire, la lourde blouse que portent les rouliers, par exemple, mais bien un vêtement d'étoffe légère, à manches ; que le *giliet d' l'aine* est un large vêtement appelé communément *tricot* et dont la forme ne ressemble nullement à celle de nos gilets ; que le pantalon de drap, enfin, est au *petit Narcisse* ce que le pantalon de percale, garni de dentelle, est aux enfants de *bonne maison*. Or, si l'on admet que mon *héros* est âgé de deux à trois ans, il n'est pas étonnant que sa mère lui promette de l'habiller ainsi, tout en le berçant pour l'endormir.

CAND'LER. *s. m.* Chandelier.

CANDÉLIETTE. *s. f.* Les stalactites de givre qui s'attachent aux arbres, aux gouttières et qui, par leur forme, ont quelque analogie avec des chandelles, sont appelées *candéliettes*. — On appelle aussi *candéliette*, l'action de pousser du pied celui qui nous devance, en glissant, sur la glace.

CANETTE. *s. f.* Pot d'étain de la contenance d'un litre.

CAPIAU. *s. m.* Chapeau. — Voir *Blanc-Bonnet*.

CAPON. *s. m.* La signification de ce mot est toute autre qu'en français. Non seulement *capon* ne veut pas dire poltron, mais il résume tous les défauts, tous les vices : l'ivrogne qui bat sa femme en sortant du cabaret, *capon* ; le charlatan qui promet d'extraire une dent sans mal ni douleur, *capon* ; celui qui fait des dettes, qui trompe les filles, etc., etc., *capon*, *capon*, *capon*. Ce n'est que pour éviter les redites qu'on emploie de temps en temps son diminutif *capenoul*. Enfin, passant du grave au doux, ce mot désigne quelquefois le *mauvais sujet*, que les femmes aiment tant, et la mère qui câline son enfant, lui dit avec un doux accent de tendresse maternelle : *Viens, p'tit capon! viens faire eun' babache à mémère!*

CAPOT. *s. m.* Vêtement de femme. C'est un simple corsage avec manches et bavolet. Vient de *caput*, tête, parce qu'originairement ce vêtement avait un capuchon. On nomme aussi *capot* une sorte de gilet de laine, à manches.

CARBON D' FAU. Charbon de bois de hêtre.

CAROCHE. *s. f.* Carrosse. Voiture quelconque à quatre roues.

CAT. *s. m.* Chat.

CATH'LAINE. *n. p.* Catherine. On donne l'épithète de cath'leine à l'homme aux manières efféminées, qui a le parler d'une femme ou qui s'occupe du ménage.

CATIAU DE MADAME LALA. Jeu de petites filles auxquelles se joignent quelquefois des garçons. Nous trouvons la description de ce jeu dans une étude sur les *chants et chansons populaires du Cambrésis*, publiée par la société d'Emulation de Cambrai, dans le tome XXVIII° de ses *Mémoires* :

« *Au château Madame Lala !...*

« On trace par terre contre un mur, une enceinte fictive dans laquelle se place *madame Lala* et qu'elle ne peut dépasser.

« Des petites filles chantant le refrain précédent, essaient de faire irruption dans *le château* sans s'y laisser toucher par la propriétaire, sous peine de la remplacer dans l'enceinte. »

Au refrain cité ci-dessus, nos enfants ajoutent ces mots :
Je mange ton beurre et ton fromage.

CATOU. *s. f.* Poupée. — Fille de mauvaise vie. — Mot d'amitié que certains maris adressent à leurs femmes, comme d'autres leur disent *ma chatte*.

CAUCHE. *s. f.* Autrefois, chausse ; maintenant, bas ou chaussette. On dit d'un homme qui court les fillettes, qu'il aime les *courtes-cauches*.

CAUDERLAT, *s. m.* Batterie de cuisine en cuivre. — Tout ce que fait le chaudronnier ou *caudronnier*, qu'on appelait autrefois *cauderlier* ou *caudrelier*.

CAYÈRE. *s. f.* Chaise.

CAZINETTE. *s. f.* Étoffe de laine à raies de différentes couleurs ; elle fut d'un grand usage à Lille pour les jupons de femmes ; elle est encore en vogue dans nos villages.

CENSÉMINT. *adv.* S'emploie fréquemment pour atténuer ce qu'il y a de trop absolu dans une proposition, dans le sens de *quasiment*, *pour ainsi dire*. (Pierre Legrand.)

CH. Le *ch* se substitue quelquefois à l's simple ou à l's double. Sirop, *chirop* ; sifflet, *chifflet* ; sabot, *chabot* ; poussin, *pouchin* ; hérisson, *hérichon*.

CHARLET. *s. m.* Pot de fer-blanc.

CHERQUE. *s. m.* Cercle. Boire *cherque et tonniau*.

CHÉS, *pron. démonst.* Ces.

CHIFFLER. *v. a.* Siffler. Sert aussi à exprimer l'action de boire. *Ch'est un gaillard qui chiffle bien*, qui boit bien.

CHIFFLOTIAU. *s. m.* Petit sifflet, flageolet, flûte, fifre.

CHIN. *pron. démonst.* Ce. *V'là chin qu' ch'est ;* voilà ce que c'est.

CHINTES. *s. f. p.* Cendres.

CHOCHON. *s. m.* Diminutif de *garchon*. Mot amical signifiant : Bon luron, franc camarade. Au féminin, *chochonne*. S'emploie en mauvaise part. On dit d'une femme qui aime les plaisirs du cabaret :

> Ch'est eun' bonn' chochonne,
> Elle aim' mieux un p'tit verr' qu'eune pronne.

CHOS et CHOISSE. Abréviations de *Franços* et *Françoise*.

CHUC ou CHUQUE. *s. m.* Sucre.

CHUCADES. *s. f. p.* Sucreries.

CHUCHER EUNE PRONNE. *loc.* Boire un verre de bière ou de liqueur.

CHUCHETTE. *s. f.* Sucette. Morceau de toile dans lequel on met du pain trempé dans du lait et que l'on fait sucer aux enfants en l'absence de leurs nourrices.

CINSIER-ÈRE, *s.* Fermier, fermière.

CLACHOIRE. *s. f.* Fouet. La ficelle placée au bout du fouet se nomme : *clach'ron*.

CLAINNER. *v. n.* Pencher, incliner. On dit proverbialement :

> *I clainne du côté qu'i veut querre.*

CLAQUE. *s. f.* Femme indolente, sale et paresseuse.

CLAQUOT. *s. m.* Soufflet.

CLIQUANT. En parlant d'un vêtement neuf, qui a encore tout son lustre, tout son apprêt, on dit qu'*il est tout cliquant nué*. (Tout battant neuf).

CLO. *s. m.* Clou.

CLOQUE. *s. f.* Cloche. Pendant d'oreille.

CLOQUER. *s. m.* Clocher.

CLOQUETTE. *s. f.* Clochette. — *Donner les cloquettes* à quelqu'un, c'est lui administrer des coups de genou au derrière (on est censé faire lever des *cloches*). C'est ainsi que les enfants punissent ceux d'entre eux qui trichent au jeu. Cette correction a lieu en chantant un refrain que je ne transcris pas par respect pour les mœurs.

COCODAC. *s. m.* Mot enfantin, œuf. — Onomatopée du cri des poules.

CŒUD'-FI. *s. m.* Ligneul, fil enduit de poix à l'usage des cordonniers, bourreliers, etc. Mot-à-mot : Fil à coudre.

COGNAC DE SAINT-SAUVEUR. Manière drôlatique de désigner le genièvre.

COINNE. *a. d. d. g.* Imbécile. Fig. Rester *coinne*, perdre contenance.

COLAS. Aphérèse de Nicolas. — Geai. — Imbécile, niais.

COLINETTE. *s. f.* Coiffe de femme, en toile peinte, dont l'usage se perd surtout dans les villes, mais qui sert encore assez généralement pour la toilette de nuit.

COLOPHON. *s. m.* Colophane.

COPON. *s. m.* Coupon.

COQUILLE *s. f.* Gâteau, de forme oblongue, que l'on met sous l'oreiller des petits enfants le jour de Noël et que les boulangers ont coutume d'offrir à leurs pratiques.

CORDIAU. *s. m.* Cordon, de cordeau.

COTIN. *s. m.* Feu de petite braise qui couve sous la cendre. *J'ai du bon cotin dins m' vaclette.*

COTONNETTE. *s. f.* Tissu de coton. — Cotonnade.

COTRON. *s. m.* Jupe.

COUET. *s. m.* Casserole de terre, ainsi nommée de son manche qui ressemble à une queue. (Hécart).
On appelle aussi généralement *couet*, le vase de terre à deux anses, dont le véritable nom est *faitout*.

COULON. *s. m.* Pigeon. — On désigne vulgairement notre cimetière de l'Est par cette périphrase : *L' Mason Coulon*, en souvenir d'un individu de ce nom qui en a été longtemps le fossoyeur.

COUPÉ. *s. m.* Dessus de la tête. I met sin capiau su' l' *coupé* de s' tiête.

COUQUE. *s. f.* Gâteau.

COUQUE-BAQUE. *s. f.* Sorte de crêpe assez légère, de l'allemand *kucken-backen*. Il serait mieux d'écrire *kouke-bake* pour démontrer l'origine de ce mot. Je ne le fais pas dans le but de lui conserver son analogie orthographique avec les autres mots.
Une dame Dubois qui a fait sa fortune en vendant ce comestible, a eu l'honneur d'être citée dans la chanson du *Fillier Lillois*, dont l'auteur a modestement gardé l'anonyme.

> Il mange au moins six fois par mois
> Sa fin' couq'-baq' chez mam' Dubois.

Nous avons depuis une trentaine d'années un établissement du même genre et non moins célèbre. Il a pour enseigne *quatre marteaux* de tonnelier, qui témoignent de la profession qu'exerçait son fondateur.

COUR ou COURETTE. *s. f.* Ruelle étroite.

COURARD. *s. m.* Nom du livre sur lequel les valets de sociétés de secours mutuels (dites *Sociétés de malades*) inscrivent les recettes qu'ils font à domicile.

On lit dans le règlement de la *Société Saint-Maurice*, créée en 1750 et réorganisée le 1er octobre 1838. « S'il (le valet) venait à quitter la société, il serait tenu d'en prévenir les doyen, sous-doyen et économes un mois d'avance et de fournir un *courard* en bonne forme, c'est-à-dire un livre indiquant les noms et prénoms des confrères, la rue et le numéro de la porte... »

COUSSIN. *s. m.* Métier ou carreau de dentellière. Le fond et le cadre de ce petit métier sont en bois ; le dessus en étoffe légère ; on le remplit de son pour que les épingles puissent y pénétrer aisément et afin qu'elles ne se rouillent pas. Comme on le voit, c'est un véritable coussin. Dans une pasquille de Brûle-Maison, il est parlé d'une *danse du coussin* que je ne connais pas, mais je sais qu'autrefois, lorsqu'une dentellière se mettait en promesse de mariage, les voisines allaient à sa rencontre en portant *sa chaise et son coussin ajouliés*. Cette cérémonie se terminait par des chants et des danses.

COUYONNADE. *s. f.* Plaisanterie.

CRACHE (La). Terme du jeu de billes (*quenecques*). Quand un joueur a perdu tout ce qu'il possédait de billes, son adversaire est tenu de lui donner *la craché*, autrement dit un *coup de grâce* dont il fournit seul l'enjeu, qui devient la propriété du perdant s'il gagne ce coup.

CRACHÉ-E. *adj.* On dit qu'un portrait est *craché* lorsqu'il est ressemblant. En d'autres termes, cela signifie que l'original et la copie se ressemblent comme deux crachats.

CRAINE. *adj.* Crâne. S'emploie plus ordinairement pour excellent, excellente ; fameux, fameuse.

V'là du *craine* bouillon ! eun' *crain'* fille !

CRAQUETTES. *s. f. p.* Morceaux de gras de lard qu'on fait griller sur une poêle et qui croquent sous la dent.

CROCHE-PIED. *s. m.* Croc en jambe.

CROJETTE. *s. f.* Petite brochure contenant les premiers principes de la lecture. On la nomme ainsi à cause d'une petite croix qu'elle a ordinairement avant la première lettre de l'alphabet. Pour bien se rendre compte de cette définition, il faut se rappeler que le *j* se substitue souvent à l' *s*. Ainsi, *crojette*, sans cette substitution, deviendrait *crosette*. De là à *croisette* (petite croix), il n'y a pas loin.

CROQUE. *adj. d. d. g.* Qui est légèrement ivre.

CROQUE-POUX. *s. m.* Groseille verte ou à maquereau.

CROUCROU (A). Etre accroupi, assis sur les talons. Marcher *à croucrou* ; se tenir *à croucrou*.

DA. Particule affirmative employée pour *sais-tu, savez-vous. J'irai là-bas, dà ! J'ai eu bien peur, dà !*

DACHE. *s. f.* Gros clou de soulier.

DAMACHE. *s. m.* Dommage.

<blockquote>In mi-mêm', je m' dis : Queu damache !
Incore un qui va m'estropier.</blockquote>

DAQUOIRE. *s. f.* Pluie bruyante, abondante. Formé par onomotopée du bruit que produisent de larges gouttes d'eau et dont les mots *daq, daq, daq*, peuvent donner une idée.

DARON. *s. m. Mari* ou plutôt *maître du logis*. C'est en plaisantant qu'un homme dit *daronne* à sa femme. On admet généralement que c'est une corruption du mot *baron*, mais c'est plutôt la transformation de l'anglais, *dear, cher*.

DÉ. Cette particule est souvent employée inutilement. Ainsi, un jouet qui *buque* est appelé *débuquo;* se lamenter fait *délaminter;* bout, *debout*, puisque nous avons encore une rue dont la plaque officielle porte : rue du *Court-Debout*. Un individu habillé de loques est appelé *déloqueté*.

DÉBALATION. *s. f.* Grande désolation.

DÉBALER (Se). Se désoler, perdre courage.

DÉBAUCHER (Se). S'attrister, se décourager. A quelqu'un qui se dit *débauché*, on répond, en manière de plaisanterie, qu'un *bochu vodrot l' l'éte*.

DÉBLAYER. *v. a.* Déblayer. Opposé d'*imblaver*.

DÉBLOUQUER. *v. a.* Déboucler. Locution métaphorique. *Déblouquer sin cœur, sin caplet, s' litanie*, c'est dire franchement ce qu'on pense ; tout ce qu'on a sur le cœur. On ôte la *boucle*, pour ainsi dire, afin que les mots sortent plus facilement.

DECAU. *adj.* S'emploie, par abréviation, pour *décauché*, déchaussé. Marcher *à pieds décaux*, à pieds nus. Un carme déchaussé était appelé chez nous : *Carme décau*.

DÉCLAQUER (Rire à). Locution. Rire aux éclats.

DÉESSE. *s. f.* Le peuple appelle l' *déesse*, la statue de Lille qui surmonte la colonne commémorative du siége glorieux de 1792. (P. Legrand).

DÉGRIFFER. *v. a.* Egrattigner, griffer.

DÉGRIOLOIRE. *s. f.* Glissoire sur la glace.

DÉLAMINTER (Se). *v. p.* Se lamenter.

DÉLICOTER (Se). *v. p.* Se remuer, marcher pour se dégourdir.

DÉLICOTER. *v. a.* Oter à quelqu'un sa gaucherie, sa lourdeur, en un mot, le dégourdir.

DEMÊLACHE. *s. m.* Préparation liquide pour faire de la pâtisserie et notamment des *couques-baques*.

DÉMÉPRISER. *v. a.* Mépriser.

DÉMISSE. *s. m.* Vêtement que l'on ne met plus.

DEMI-DOULE. *s. f.* Grand verre de liqueur, ordinairement, de genièvre.

DÉPICHER. *v. a.* Mettre en pièces, en morceaux ; dépecer.

DEVISER ou D'VISER AU PATARD. Loc. Causer paisiblement.

DIÈTES. *s. f. p.* Dartres qui se portent à la tête et à la figure des enfants.

DINT. *s. m.* Dent — *Avoir tous ses dints ;* être prompt à la réplique. — *N'avoir ni bouque ni dints ;* être interdit, ne savoir que répondre.

DINTELÉ. *s. m.* (Pr. *Dint'lé*). Dentelle.

DORLORES. *s. m. p.* Parure d'or. — Chaînes, pendants, etc.

DRINGUELLE. *s. f.* Pour-boire.

DORMANT. *s. m.* Sirop que l'on donne aux enfants pour les faire dormir.

DOUCHE. *a. d. d. g.* doux, douce.

DOUCH'MINT. *adv.* Doucement.

DOUPE ou DOUBE. *s. m.* Liard, de double. — Dans un sens plus étendu et en employant la pluralité, argent.

DOUTANCE. *s. f.* Doute, incertitude, défiance.

DRAGON. *s. m.* Cerf-Volant. Au figuré, *faire voler sin dragon*, c'est s'adonner au plaisir, en mésuser. Que de femmes disent en se plaignant de la retenue que l'usage impose à leur sexe :

Ah ! si j'étos garchon,
Comme j'fros voler min dragon !

Vient certainement de l'allemand *drachen*, qui a la même signification et qui désigne aussi l'animal fabuleux du même nom.

DORMACHE. *s. m.* Action de dormir.

DROCHI. Ici, en cet endroit-ci. Comme dans quelques-unes de

nos campagnes, on dit *drouchi*, on a, par l'effet d'une aphérèse, désigné sous le nom de *rouchi*, le patois qui se parle dans le nord de la France. Cette dénomination ayant excité la critique de notre savant compatriote, M. Emile Gachet, dans une lettre qu'il m'a adressée à propos de mes chansons, je vais transcrire ici le passage qui y est relatif. « Le langage lillois, dit-il, dont vous vous occupez, est un dialecte de la langue d'oïl et il a été rangé, par M. Hécart, dans le *rouchi*. Je n'aime pas beaucoup cette dénomination qui, au fond ne signifie rien. C'est, dit-on, le langage que l'on parle *drou-chi* ; mais à ce compte, il faudrait que les autres dialectes fussent du langage *rou-là*, puisqu'ils sont parlés droulà. Et puis les Lillois prononcent *drot-chi*, *drot-là*, faudra-t-il que nous appelions leur dialecte le ROCHI? tout cela est absurde. J'aimerais mieux désigner tous les patois du nord sous le nom de Wallon ; et, s'il me fallait spécialiser, j'appellerais volontiers notre langage, la langue d'*awi*, comme on dit la langue d'*oïl*, la langue de *si*, etc. »

DROT-LA. Là, en cet endroit-là.

DROULE, *s. f.* Masque qui court les rues. On appelle aussi *droule* une femme de mauvaise vie, et, dans cette dernière acception, il a pour diminutifs drouliète et droulion. — Droule est de plus une interjection, un cri correspondant à *chie-en lit* employé à Paris et dans quelques provinces.

DUCASSE. *s. f.* Contraction de dédicace. Fête anniversaire du jour où une église a été consacrée. Beaucoup semblent avoir oublié l'origine de ce mot, mais la chose est toujours fort en usage. C'est une petite foire paroissiale où les marchands de pain d'épices et de bimbeloterie abondent; les spectacles forains y sont assez rares ; les chevaux de *bronze* sur lesquels se pavanent des amazones en tablier de *cotonnette* y continuent plus que jamais leur course au son de l'orgue de Barbarie. On danse à cette occasion dans les sociétés et l'on met *la poule au pot* dans les plus pauvres ménages.

Quelques ducasses de Lille ont des noms particuliers : celle de Saint-Maurice est appelée ducasse *à berlières* (voir ce mot), parce qu'elle vient en même temps que la Braderie ; celle de la Madeleine n'a pas d'autre nom que *Mad'leine brèoire*. On n'entend pas, croyez le bien, faire allusion aux larmes de repentir qu'a versées la sainte ; c'est parce qu'ordinairement il pleut le jour de cette fête. Celles de Saint-Etienne et de Saint-Sauveur sont encore appelées, la première, ducasse *à p'tits pieds*, la seconde, *ducasse à z-oches*, *à moules* ou *à carottes*. N'oublions pas de mentionner celle du village d'Hellemmes qui a le sobriquet de ducasse *à bleus-biecs*, parce qu'elle a lieu dans le mois de novembre, et qu'à cette époque le froid est assez intense pour bleuir les lèvres de ceux qui vont s'y promener.

DURANCE. *s. f.* Durée. *Min patalon a fait bonn' durance.*

ECHOUIR. *v. a.* Etourdir les oreilles.

ÉCOLE (Avoir de l'). Avoir, à un certain degré, de l'éducation.

ECOUR. *s. m.* Correspond au français, giron. (Voir Lafontaine, *l'Aigle et l'Escargot*, liv. II, 8).

> L'oiseau . . . .
> Dépose en son *giron*, ses œufs.

C'est, dans la personne assise, l'espace entre les genoux et la ceinture, et qui offre à l'enfant un siége naturel.

ÉCOURCHEUX. *s. m.* Tablier.

ÉCRAVINTER (S'). *v. p.* Faire un travail fatigant, au-dessus de ses forces.

ÉDUQUER. *v. a.* Donner de l'éducation. On dit plaisamment d'un homme instruit, qu'il a de *l'induque* et de *l'instruque. Induque* ne se dit que dans cette locution, c'est sans doute pour la rendre plus drôlatique.

ÉHOU, d'où doit être formé *huer*, est un cri pour faire honte. On dit aux enfants qui pleurent : *Éhou, éhou, bréou !* Une personne qui vient de faire une action blâmable est poursuivie jusque chez elle par de formidables *éhou !* que profèrent les témoins de sa faute. On chante encore ce refrain :

> Ehou, éhou, grande sotte !
> Ell' jue incore à marotte,
> Ell' pinse à s' marier,
> Ell' jue incore à poupée.

ÉMILION. *s. m.* Lumignon. Partie en combustion de la mêche d'une chandelle.

Les vieilles femmes croient fermement qu'un *émilion* annonce une bonne nouvelle.

> Alfos quand j'aspire eun' nouvelle
> Qui dot m' désattrister,
> Et que j' vo' à l' mêch' de m' candelle,
> Un *émilion* briller.....
> (*Vieilles Croyances*, 3e volume).

ÉMONTÉ. *s. m.* Marche d'escalier ; montée, par aphérèse.

EMOUQUETTES. *s. f. p.* Mouchettes.

ENON. Formule interrogative, signifiant : *N'est-ce pas ?*

> Vous m'aimez bien, *énon !* petit ?

EPARNEMALE. *s. f.* Epargne ; l'objet qui sert à la renfermer.

ÉPEINNE. *s. f.* Epingle.

EPOULEMAN. *s. m.* Apprenti *sayetteur* (faiseur de *camelot*) qui faisait des *épuelles*. En mauvaise part, ouvrier inexpérimenté.

EPUELLE. *s. f* Petite bobine ou fuseau de navette.

EQUETTES. *s. f. p.* Menus copeaux.

ESCLAMASSE. *s. f.* Exclamation.

ESQUINTER (S'). *v. act. et pron.* Assommer, éreinter; se fatiguer outre mesure.

ETNIELLES. *s. f. p.* Pincettes. — On donne l'épithète d'*etnielle* aux personnes sans énergie.

ÉTRIVE ou ÉTRIVETTE. Dans le livre des coutumes de Lille, de Roisin, commenté par M. Brun-Lavainne, on trouve qu'*étrif* signifiait guerre, querelle. Ces acceptions ne sont pas tout à fait perdues pour nos gamins. En effet, ils appellent *étrive* ou *étrivette*, celui qui, trichant au jeu, suscite une querelle, laquelle finit par une batterie en règle si le délinquant n'est pas de ceux qui reçoivent paisiblement *les cloquettes* (voir ce mot), comme une juste punition de leur faute.

FACHENNE. *s. f.* Tout ce qu'on emploie pour emmailloter un enfant.

FAIT-A-FAIT. *loc.* Au fur et à mesure.

FAITOUT. *s. m.* Voir couet.

FAU. *s. m.* Hêtre. *Du carbon d' fau.*

FAUQUE. *adv.* Seulement, rien que... *Min père, donnez-m' des poires!* — Tiens, in v'là tros. — *Fauque tros?* rien que trois ; seulement trois. — S'emploie aussi dans un sens affirmatif. Si quelqu'un dit : *J 'n'aime point les gauques!* Celui qui les aime dira : *Fauque mi.*

FEMME. Se prononce *faimme*.

FERNIÈTE. *s. f.* Fenêtre.

FI. *s. m.* Foie.

FICHAU. *s. m.* Fouine. Figurément, cette locution : *Malin fichau*, équivaut à celle-ci : Malin comme un renard.

FIEN. *s. m.* Fumier ; par extension, toutes sortes d'immondices placées sur la voie publique.

FIER s. m. Fer. — Remettre les *fier' au fu*; contracter un nouveau mariage.

FIEU. s. m. Fils.

FILTIER. Le filtier a été de tout temps le type de l'ouvrier rangé, économe et soigneux. Ne gagnant qu'un salaire inférieur à celui des autres ouvriers de fabrique, il s'est toujours distingué d'eux par une mise moins délabrée, par l'ordre et la propreté qui régnaient dans son intérieur. Je dis, *a été*, parce qu'en effet, il n'existe presque plus. Les changements qui s'opèrent depuis quelques années dans son industrie, lui font prendre aussi de nouvelles allures. Néanmoins, on peut encore se faire une idée de ce qu'était le filtier par ce qu'il en reste. Si le matin vous rencontrez des individus revêtus de capotes à sous-pieds, de vestes proprettes mais rapiécées d'étoffe d'une autre nuance ; de pantalons raccourcis par la lessive; de gilets *à la chevalière*, avec une ribambelle de boutons de cuivre, ayant, pour la plupart, des numéros de régiments ; s'ils ont pour chaussure des souliers cirés ou des sabots *d'une extrême* blancheur (on les écure plusieurs fois la semaine) ; pour coiffure de vieilles casquettes de drap ou de loutre chauve ; des bonnets de police, vieux compagnons d'une époque de gloire ; pour cravates, des mouchoirs de poche; s'ils portent sous le bras, comme un lycéen ses livres, des tartines soigneusement enveloppées dans des billets de mort ; si, d'une main, ils tiennent des *charlets* contenant soit une décoction de tilleul, soit du petit-lait, dites avec assurance: Voilà de vieux filtiers !

En général, les filtiers sont laborieux et ingénieux, ou plutôt (ce mot patois rendra mieux ma pensée) ils aiment à *manoquer*. Celui-ci est barbier le dimanche; celui-là vend des macarons ; d'autres raccommodent des souliers, des pendules ; font des ouvrages en cheveux. Ceux qui savent écrire sont *valets de société* ou *faijeux d' lettes*.

Les anciens filtiers épousaient toujours des dentellières, il y avait entr'eux sympathie de goûts et de caractère. Leurs enfants, dès l'âge de cinq ans, étaient *épouleman* jusqu'à ce qu'ils eussent fait leur première communion. Alors, ils bobinaient *au fraique*, allaient à l'école dominicale à l'heure de midi, devenaient filtiers, enfin, et se réglaient en toutes choses sur ce *qu'avaient fait leurs pères*. Maintenant que l'épouleman est mort et que *l' babenneu au fraique* est à l'agonie, les filtiers envoient leurs enfants à l'école... quand ils ne peuvent pas faire autrement ; dans le cas contraire, ils leur font faire des *busettes* ou des *nœuds de fil* jusqu'à ce qu'ils aient l'âge requis pour être successivement *ratiaux*, rattacheurs, puis fileurs ou dévideurs.. Vous voyez qu'il n'y aura bientôt plus de filtiers !

Les filtiers, malgré leurs éminentes qualités, sont souvent en butte aux sarcasmes de leurs concitoyens. On les appelle *lapins d' guernier*, parce que leurs ateliers sont des greniers qui, par la forme de leurs croisées, ressemblent aux cahutes de ces quadrupèdes ; *philosophes*, parce que de leurs ateliers ils peuvent facilement étudier les astres; *mazéquettes*, je ne sais pas pourquoi. Ces épithètes, dans leur sens propre, ne sont pas injurieuses, mais elles le deviennent intentionnellement. Si des fileurs, par exemple, veulent plaisanter un de leurs camarades, ils lui disent qu'il a *l'air d'un filtier*. Il n'en faut pas davantage pour le fâcher... si un individu est minutieux, s'il s'occupe des affaires du ménage, on l'appelle *Babennot*, *Cath'leine* ou *compteu d' tartennes* ; ces mots sont synonymes. Enfin, en entend dire souvent par une rattacheuse, qu'elle ne voudrait pas épouser un filtier... Il y aurait mésalliance !

FIN. *adv.* Très, extrêmement, *fin biau*, *fin laid*.

FIQUE ou **FISQUE** (Faire). *loc.* C'est faire quelque chose, un tour de force ou d'adresse, en défiant quelqu'un d'en faire autant. — *Faire du piche* a la même signification et est plus habituellement employé.

FLO. *adj.* Faible, mou, débile. De là l'épithète de *grand flohain*, *grande flohaine*, qu'on adresse à une personne indolente, flasque, qui a l'air de s'affaisser, de *floïr*.

FLOÏR. *v. n.* Faiblir.

FOUFFE. *s. f.* Chiffon. Dans un sens général, objet sans valeur. Contradictoirement, *faire ses fouffes*, c'est tirer bon parti d'une affaire.

FOUFFELLE (Etre in). Etre en émoi, très-affairé.

FRAIQUIR. *v. a.* Rendre frais ; mouiller.

FRASO. *s. m.* Ustensile de ménage. Plat de bois rempli de trous pour écouler l'eau qu'on y verse en même temps que des légumes qu'on vient de retirer du feu.

FRAYEUX-SE. *adj.* Coûteux, qui occasionne des frais.

Qui croirot jamais qu'eun' simple brodeusse,
Par les goûts qu'elle a peut v'nir si frayeusse.

FRIANT-BATTANT. *loc.* Aller, marcher d'un pas délibéré, d'une manière triomphante.

FRIOLER. *v. n.* Glisser d'une façon particulière : en rasant le sol et en faisant de petits sauts. Ne se dit que des choses. Au jeu de *la Galoche*, jouer de la *friolade*, c'est lancer le palet en le faisant glisser de cette manière.

FU. *s. m.* Feu.

G. Cette lettre se substitue quelquefois au C et au J. Ainsi, *cabriole, cabriolet, cadran*, etc. *Jambage, jardin*, etc., font *gabriole, gabriolet, gadron, gambage, gardin*. Elle se change en Q dans les finales *gue*. Blague, fait *blaque;* en *ch* dans la terminaison *ge*. Bruge, fait *bruche*.

GADOUX (Yeux). *Faire les yeux gadoux* se dit pour faire les yeux doux. On a les yeux *gadoux* lorsqu'ils restent entr'ouverts, par suite d'un trop *bon dîner* ou que l'on n'est qu'à demi éveillé.

GADRU. *s. m.* Sorte d'altération de *gas*, *gars*, *garçon*.

GAGNACHE. *s. m.* Gain.

GALAFE. *a. d. d. g.* Gourmand. S'emploie substantivement. Un *galafe*.

GALOCHE. *s. m.* Jeu du bouchon.

GALURIAU. *s. m.* Godelureau, chercheur d'amourettes.

GAONNE. *adj.* Jaune.

GARCHONNAL. *s. m.* Petit garçon; galopin.

GASCONNER (S'). *v.* Faire le beau parleur; employer des mots patois, mais en les francisant. Les *gasconneux* se garderaient bien de dire : un *fraso*, un *curo*, un *débuquo*, eun' *bersie;* mais ils disent très-bien en se pinçant les lèvres : un *frasoir*, un *curoir*, un *débuquoir*, une *bersile* ou plutôt *bresile*.

GASCONNEUX. *s, m.* Ne pas confondre avec le conteur de gasconnades, le *gasconneux* est celui qui fait le beau parleur.

GASPIAU. *s. m.* Terme de mépris; dire à un homme *gaspiau*, cela équivaut à le traiter de gamin.

GAUQUE. *s. f.* Dans le sens propre signifie noix; au figuré et par onomatopée, c'est un soufflet des deux mains placées de manière à former un creux, et dont la sourde détonation ressemble assez au bruit que fait une noix lorsqu'on la croque. Cette *plaisanterie* est surtout en usage dans nos ducasses.

GENDARME. *s. m.* Manière burlesque de désigner le hareng-saur.

GIGER ou GIGIER. *s. m.* Gésier, gorge.

GIN. *s.* Singulier du mot collectif gens ou *gins*. S'emploie fréquemment: *Eun' bonn' gin; eun' vielle gin; un biau p'tit gin.*

GIROFLÉ A CHINQ FEUILLES. *loc.* Littéralement : Giroflée à cinq feuilles. Soufflet; l'empreinte de chaque doigt est censée simuler une feuille.

GLAFE (A), A profusion, très-fortement. « Cette locution, dit M. Legrand, *il pleut à glaves*, répond à celle-ci : *il pleut des hallebardes*, de gladium, glaive, épée. On dit aussi : *Braire à glave*, *rire à glave* (rire aux larmes).

GLAINE. *s. f.* Poule.

GLORIETTE. *s. f.* Cabinet de verdure; tonnelle.

GLOUT-TE. *adj.* Ne pas confondre avec glouton. On est *glout*, lorsqu'on se montre difficile sur le choix des morceaux, et non parce que l'on mange avidement, goulument.

Cette expression s'applique aussi aux choses que l'on mange : *Un glout morciau, eun' gloute sauce.* Un bon morceau, une excellente sauce.

GODON. *s. m.* S'emploie dans le sens de : bon luron, joyeux compère.

GOGU. *adj.* Gai, content, en goguette.

GOURDAINES. *s. f. p.* Espèce de fronton avec des anneaux, auxquels on attachait les rideaux, lorsqu'on faisait usage de tours de lits.

GOURER. *v. a.* Tromper.

GRAINGNARD-DE. *adj.* Goguenard, farceur, grimacier.

On appelle un grimacier, un farceur, *graingnard d'apothicaire*, en souvenir des bustes grotesques que ces marchands avaient coutume de placer autrefois devant leurs officines.

GRAINGNER. *v. a.* Grimacer, goguenarder.

GRAISSIER. *s. m.* Autrefois, le graissier ne vendait que la graisse des bestiaux qu'il engraissait. On nomme aujourd'hui graissiers, les individus qui joignent à la vente de quelques articles d'épiceries, des balais, du charbon, des pommes, des poires, des pommes de terre, du lait-battu, de la petite bière, etc., etc.

GRAMINT. *ad.* Beaucoup ; grandement.

GRAND-QUEVA. Littéralement, grand cheval. Sobriquet d'un individu que j'ai célébré dans ma chanson de *la Curiosité* et qui jouait du violon d'une manière étrange. Plusieurs bons violonnistes essayèrent en vain de jouer comme lui la marche de *Lodoïska ou les Tartares*.

GRAND-TOURNANT. Nom d'une rivière située au faubourg de la Barre.

GRANDE-MASON. L'un des noms populaires de l'Hospice général de Lille.

GRIPPETTE. *s. f.* Méchante fille hargneuse. — *Serpette* a la même signification.

GROS-MORT. Décédé qui avait de la fortune et dont la cérémonie funèbre est faite avec pompe. Aux yeux des indigents, pour être un *gros-mort*, il faut au moins leur laisser une distribution de pain.

GRUO. *s. m.* Giboulée ; pluie soudaine. *Un gruo d' mars.*

GUÉOLE. *s. f.* Cage ; de geole, prison.

GUERTIER. *s. m.* Jarretière.

GUILER. *v. n.* Se dit pour couler, lorsqu'il s'agit d'une matière épaisse comme du suif, de la mélasse, par imitation de la levure de bière ou gée, que nous nommons *gui*. Guiler, c'est donc couler comme du *gui*.

HABILE. *a. d. d. g.* Prompt, prompte. Être *habile* à l'ouvrage.

Dicton : *Habile* à manger, *habile* à travailler.

HABILE. *adv.* Vivement, promptement. Faire une chose *habile !* *habile !* c'est se dépêcher outre mesure, n'y pas apporter tout le soin désirable.

<blockquote>
Mais, n'allons point tout vir *habile! habile!*
Arrêtons-nou' un moumint su' l' trottoir.
</blockquote>

HABILE ! *Interjection.* Vite, de suite.

<blockquote>
Habile! habile! au secours !
</blockquote>

HARDI ! Exclamation pour encourager ceux qui se querellent ou qui se battent.

HAYON. *s. m.* Echoppe.

HAYURE. *s. f.* Haie.

HOCHETTE. *s. f.* Hochet. Ne s'emploie que pour désigner le jouet spécial des enfants nouveau-nés. Le *h* ne s'aspire pas.

<blockquote>
Comme un infant qui juc avé s'n *hochette.*
</blockquote>

HOUPETTE. *s. f.* Expression qui sert à déprécier soit un objet, soit une action : *Te donnes-là eune fameusse houpette*, dit-on à quelqu'un qui fait un présent de peu de valeur. — L'enlèvement d'une jeune fille met tout un quartier en émoi. Un indifférent se contente de dire: *V'là-t-il point eun' fameusse houpette!*

HURLU. *s, m.* Litt. Hurleur. Sobriquet donné par les Lillois aux partisans de la réforme sous Charles Quint.

IMBLAVER. *v. a.* Embarrasser un lieu, y mettre le désordre.

On dit qu'un homme est un *imblaveux*, quand il n'a point

d'ordre ; qu'il fait d' l'*imblave*, lorsqu'il attache de l'importance à une chose futile.

IMBORGNEUX-SE. *adj.* Qui est maladroit.

IMPOISSE. *s. m.* Empois.

INCRACHER. *v. a.* Graisser.

> Il *incrache*, avec eun' candelle
> Les crins d' l'archet du jueu d' violon.

INFACHENNER. *v. a.* Emmailloter.

INFENOUILLER. (Pr. *Inf'nouiller*). *v. a. et pron. Inf'nouiller* quelqu'un, lui mettre martel en tête ; *s'inf'nouiller*, se tracasser ; être *inf'nouillé*, être fort embarrassé, ne savoir quel parti prendre. On dit quelquefois *inflounier*.

S'emploie aussi substantivement et absolument, en parlant d'une personne qui s'agite, se remue beaucoup pour peu de chose. Un *inf'nouillé* ; eune *inf'nouillée*.

INFILURE. *s. f.* Manière de faire. — On dit qu'une affaire prend une vilaine *infilure*, lorsque l'on s'aperçoit qu'elle tourne mal. — Ironiquement. Avoir une drôle *d'infilure*, c'est avoir l'air gauche, embarrassé.

INSENNE. *adv.* Ensemble. L'un avec l'autre, les uns avec les autres, etc.

INVOLURE. *s. f.* Tournure, désinvolture.

J. Cette consonne remplace très-souvent l's. Oiseau, prison, tison, font *ojeau*, *prijon*, *tijon*.

JACQUES. Nom qu'on donne à polichinelle dans nos théâtres de marionnettes. — Bien des gens vont se demander où l'on trouve à Lille des théâtres de marionnettes. Eh bien ! que ces personnes se donnent la peine de parcourir le quartier Saint-Sauveur ou les environs de la place aux Oignons, le dimanche et le lundi soir, en hiver. Elles entendront des gamins les inviter à une représentation par cette phrase consacrée : *Venez vir ! venez voir la comédie pour un liard !* Si elles répondent à cet appel, on leur désignera une cave où, pour quelques centimes, elles feront connaissance, avec *Gros Jacques*, qui leur dira ainsi qu'aux autres spectateurs : *Un p'tit doupe pou' Jacques !* et, comme il trouvera peu de gens disposés à augmenter bénévolement le prix de leur entrée, elles le verront recevoir des morceaux de sucre, des fragments de tartines ou de couques-baques, et même des ronds de carottes, ainsi que le fait le *petit Narcisse* dans l' *Canchon-Dormoire*.

JAPPE. *s. m.* Babil. Celui qui parle beaucoup a une bonne jappe.

JO! Cri de triomphe des archers à la perche lorsqu'ils abattent un oiseau.

Dicton : *Jo! min père a abattu l'ojeau!*

Cette exclamation s'emploie, d'ailleurs, ordinairement, lorsqu'on voit réussir une affaire à laquelle on s'intéresse.

On peut crier *Jo!* dit-on, lorsqu'un individu, maladroit d'ordinaire, vient de montrer de l'adresse.

JOBRE. *s. m.* Jobard. Cette locution, *faire l' jobre* ou *battre l' jobre*, s'emploie dans le sens de : *Faire l'âne pour avoir du foin.*

JU. *s. m.* Jeu. — Au jeu de cartes, *ju* se dit pour *point*.

Biau mariache, faut marquer deux jus.

Ju s'emploie aussi comme participe passé du verbe *choir*, tomber; chu. C'est en ce sens qu'on dit figurément : *L'ménache est ju (chu, tombé) de l'achelle*, pour faire entendre qu'il y a de la brouille dans un ménage.

KERCHIR. *v. a.* Chiffonner, plisser. *Kerchir* une étoffe; *un moucho kerchi.*

KOEUCHE. *s. f.* D'après le dictionnaire *rouchi*, pierre à aiguiser. A Lille, on ne se sert de ce mot qu'en parlant d'un morceau de pain d'épices. *Kœuche d' pain-épice.*

LACHOIRE. *s. f.* Tricoteuse.

LAIN'RON. *s. m.* Lange de laine. — La cloche qui, autrefois, sonnait la retraite, était appelée : *Le lain'ron.* On la nommait aussi *Jacquart*, en souvenir d'un ancien commissaire de police de ce nom qui faisait sa ronde dans les cabarets pour en faire sortir les buveurs lorsque cette cloche sonnait.

LAIT-BATTU. *s. m.* Lait de beurre, appelé aussi *lait-buré.*

LAIT-BOULI. *s. m.* Bouillie.

LANGREUX-SE. *adj.* Maladif, qui languit. — Contraction de langoureux.

LARI. *s. m.* Hilarité, gaieté. Aimer l' *lari*, c'est aimer à rire.

LÉQUER. *v. a.* Lécher.

LEUM'ROTTE. *s. f.* Petite lumière, vert-luisant, feu-follet.

LEUNETTES. *s. f.* Lunettes. Certain geste que les Parisiens nomment *pied de nez*.

LIACHE. *s. m.* Lacs ; nœud-coulant pour prendre des oiseaux et du gibier.

LILIQUE. *n. p.* Contration d'Angélique.

LINCHEUX. *s. m.* Linceul. Toute espèce de linge, depuis le drap mortuaire jusqu'aux langes de toile des enfants.

LIQUETTE. *n. p.* Diminutif de *Lilique*.

LIT (aller à sin). *loc.* Faire ses couches.

LOMBARD. C'est encore le nom populaire du Mont-de-Piété et de ses succursales. On désigne la maison-mère par *grand Lombard* et les autres par *petits Lombards*.

LOMMELET. Nom d'un village où il y a un asile d'aliénés.

LON. *adv.* Loin.

LOSTE, *s. m.* mauvais sujet.

LOT, *s. m.* Double litre de cabaret. *Demi-lot*, litre.

LOUCHE. Ce nom est resté dans le peuple pour désigner l'entrée de la rue de Fives où se tient un marché aux légumes, aux fruits, au beurre, etc., et qui porte aussi ce nom.

En francisant, on appelle cet endroit *la Housse*, et M. Victor Derode le range parmi les places de notre ville. Il ajoute que c'était en 1463 le marché aux porcs.

« Ce nom provient, dit M. Pierre Legrand, du vieux français ousche, *olca*, *olcha*, défini par Ducange, une portion de terre arable entourée de fossés et de haies.

» Tel était probablement l'état ancien de la place de la Housse. »

LOUCHE-A-POT. *s. f.* Louche, grande cuillère. A l'époque où les cuillères de bois ou louches étaient généralement en usage, un mot spécial était nécessaire pour désigner la grande louche. On l'appelait *louche-à-pot*, parce qu'elle était exclusivement employée à faire ou à servir la soupe, le potage ou le pot-au-feu.

On appelle maintenant simplement *louche*, la grande cuillère de bois, d'étain ou d'argent. Cependant, lorsqu'on veut la distinguer de la *petite louche*, dont on se sert encore pour faire les sauces, on dit *la grande louche*.

LOUFFER. *v. a.* Manger avidement, goulument. On appelle *louffe-tout-cru*, un grand mangeur.

LOZARD-DE. *adj. et subs.* Paresseux, paresseuse.

LUIJEAU. *s. m.* Cercueil. Du vieux français *luyseau*. C'est en core une transformation de l's en *j*. On dit d'un événement, d'une circonstance extraordinaire, qu'on s'en souviendra *dins -sin luijeau*.

LURLURE (vivre à). Au jour le jour, sans-souci du qu'en dira-t-on.

LUSOT-TE. *adj et subs*. Musard, flaneur; qui perd son temps a des futilités. On dit d'un lusot qu'il « *s'amus'rot tros heures sur eun' queue d' poire.* »

LUSOTER. *v. n*. Flâner, lambiner.

MA. *s. m*. Mal. Un *ma*, des *mas*, pour un mal, des maux.

MABRÉ. *adj*. Grêlé, marqué de la petite vérole. Fém. *Mabresse*.

Dicton : *Un biau mabré n'est point laid*.

MACAVULE. *a. d. d. g*. Qui voit mal; myope, mais surtout, celui dont les yeux sont ordinairement chassieux.

MACHE. *a. d. d. g*. Méchant, courroucé, cassant, impérieux.

MAFLAN-TE. *adj. et s*. Ennuyeux.

Une société ou réunion, qui a eu plusieurs années d'existence et qui ne passait pas pour ennuyeuse, avait nom : *Les maflants*. Chaque membre portait un insigne sur lequel était brodé une M.

MAFLER. *v. a*. Ennuyer, fatiguer quelqu'un par des paroles, des démarches inutiles, importunes.

MAGAS (parler). Parler comme les enfants; en grasseyant; en disant *ze* pour *je*, etc. A Valenciennes on dit parler *gaga*.

MAGUETTE. *s. f*. Chèvre.

MAHOU ou MATOU. — Damoiseau, godelureau.

MAJEMINT. *adv*. Mal. Un ouvrage *maj'mint* fait, mal fait. — *I va maj'mint;* il va mal.

MALVA. *adj*. Mal portant.

MALPROPICE. *adj. et subst*. Qui n'est bon à rien.

MAMOUR, Mot d'amitié. Contraction de *mon amour*.

MAMULOT-TE. *s*. Niais, imbécile.

MANIGOGUET. *s. m*. Ancien petit meuble avec tiroirs, planches et porte à deux vantaux et que l'on plaçait ordinairement sur un autre meuble ou à côté de la cheminée.

MANOQUEUX. *s m*. Individu qui exerce plusieurs professions. Ainsi, le filtier qui, le dimanche fait des barbes à un sou, ou qui raccommode des pendules, tond les chiens et vend des oiseaux, est un manoqueux. — On a le verbe manoquer.

MARONNE. *s. f.* Culotte, pantalon.

MATHIEU-SALÉ. Se dit pour Mathusalem.

MAZARIN (Vivre au). On emploie cette locution pour dire que deux époux se sont quittés, qu'ils vivent séparément.

MÉQUAINE. *s. f.* Servante.

MÉTIER-MAITE. Jeu des métiers en action. — Les joueurs se divisent en *maîtres* et en *ouvriers*. Le dialogue suivant précède l'action.
    Les ouv. — Bonjour, maîtes !
    Les mait. — Queu métier qu' vous faites ?
    Les ouv. — L'métier d'bernatier, vous verrez quand i s'ra fait.
    Les mait. — Faites.

Et les ouvriers exécutent, par gestes, un métier quelconque.
Si les maîtres devinent le métier qui a été fait, les rôles changent. Dans le cas contraire, les ouvriers font un autre métier.

MI. *p. p.* Moi.

MIE. Particule négative. Pas ; pas non plus. Deux sœurs n'avaient qu'un joli bonnet qu'elles mettaient à tour de rôle. L'une d'elles se plaignait d'avoir passé un dimanche sans le mettre ; l'autre, qui était dans le même cas, lui répondit : *Je n' l'ai* MIE MIS MI, MIMIE ! C'est-à-dire : Je ne l'ai pas mis non plus, moi, Mimie.

MIER. *v. a.* Manger.

Dicton : *Mie, miu ! Si te n' viens point cras, te viendras penchu.*

MIOCHE. *s. m.* (Pr. *Mi-oche*). Jeune enfant.

MIRO. *s. m.* Miroir.

MITAN ou DEMITAN. *s. f.* Moitié.

    J'ai maingé la mitan ou l' demitad d'eun' côt'lette ;
    S'arrêter à mitan qu'min.

MITAN. *s. m.* Milieu. *Il a r'chu eun' balle in plein mitan de s' poitrine.*

MITIN. *adj. et subst.* Minutieux. Fém. Mitaine.

MODE (A m'). *loc. A ma mode.* S'emploie pour : *il me semble.*

    Pour mi faire eun' fortun' rond'lette,
    A m' mode que j'ai trouvé l' bon plan.

MOISSE. *a. d. d. g.* Moite. On repasse le linge quand il est *moisse*.

MOLETTE. *s. f.* Poulie.

MOLETTES (Faire des), *loc.* Faire des façons ; ne pas aller franchement droit au but.

MORDREUR. *s. m.* Meurtrier, assassin. De l'allemand *mœrderer*. (pron. : *Meurdreur*) qui a la même signification. On a le verbe *meurdrir*. Etre *mordri* de coups, c'est être fort contusionné, meurtri.

MOUCHON. *s. m.* Moineau.

MOUFFES. *s. f. p.* Gants fourrés.— Donner, à un amoureux, *ses mouffes*, c'est le congédier.

MOUQU'RON. *s. m.* Grosse mouche; moucheron.

MOURMOULETTE. *s. f.* Moule. Par imitation, gros crachat blanc.

MOUSER. *v. n.* Bouder, faire la moue.

MOUSON. *s.* Boudeur, boudeuse.

MOUSSE. *s. f.* Moue.

MOUTARDE (Courir à l'). Faire une course ridicule, être mystifié.

MOUTE. *s. f.* Montre. Devant de boutique où les marchands étalent leurs marchandises.

MOUV'TER. *v. n.* Murmurer, en faisant mouvoir les lèvres, mais sans proférer une parole ; montrer du mécontentement par le jeu de la physionomie. — S'emploie presque toujours dans le sens négatif.

Pour éviter sin braillache,
Ses gins n'os'tent point *mouv'ter*.

MUCHE. *s. f.* Cachette.

MUCHE-MUCHE (In). En cachette. Boire du café *in muche-muche*. In *muche-tin-pot* a la même signification.

MUCHER. *v. a.* Cacher. C'est le vieux mot français *musser*, avec la prononciation locale.

MUGOT. *s. m.* Epargne cachée.

MULETTE. *s. f.* « Scrotum du mouton et du veau qu'on vend à la triperie, et dont quelques personnes sont fort friandes. On donne aussi ce nom à la *caillette* ou petit sac, contenant le lait caillé qui sert de présure. » (Hécart).

MUOT, MUELLE. *s.* Muet, muette.

NACTIEUX-SE. *adj.* Se dit d'une personne dont le goût et l'odorat sont délicats à l'excès.

NIC-ET-NAC (Faire). Terme du métier de fripier. Ces marchands ont coutume de s'associer à l'effet de ne pas enchérir les uns sur les autres et d'obtenir ainsi la marchandise au plus bas prix possible. A la fin de la journée ils se réunissent, procèdent entre eux à une nouvelle vente des lots acquis et partagent ensuite le bénéfice résultant de cette double opération. On appelle cela faire nic-et-nac ou *nique-naque*.

NICDOUL. *s. m.* Bêta.

NIEULLE. *s. f.* Espèce de gaufre très-mince, presque ronde, aux couleurs variées. C'était une friandise à l'usage des enfants. Autrefois, à la fête du Broquelet, les *nieulles* étaient attachées aux guirlandes de fleurs que l'on suspendait, en signe de réjouissance, dans les *écoles* ou ateliers de dentellières et aussi dans une partie des rues de notre ville.

NOBLE-ÉPINE. *s. f.* Aubépine.

NOM-J'TÉ. *s. m. Nom-jeté.* Sobriquet, nom de guerre.

NOQUÈRE, *s. f. Nochère.* Conduit pour l'écoulement des eaux pluviales.

NOUNOU. *s. m.* Mot enfantin signifiant minet, minou, petit chat. — S'emploie aussi comme mot d'amitié, en parlant d'un enfant ou d'une fillette: *Queu biau p'tit nounou !*

NOUVELLE et NOUVIELLE. *subst. et adj.* Le mot *nouvelle*, employé substantivement, s'écrit comme en français ; adjectif, il prend un *i*, *nouvielle*.

C'est ainsi qu'on dira : *J'attinds des nouvelles de min garchon. Min garchon vient d' m'invoyer eun' nouvielle lette.*

NUÉ. *adj.* Neuf. Fém. Nuève.

NULVART ou NULWART. Dans aucun lieu, nulle part.

NUNU. *s. m.* Hommes à petites idées, minutieux.

OCHE. *s. m.* Os

OCHENNOIRE. *s. f.* Berceau.

OEUÉ. *s. m.* OEuf.

OEUILLARDE. *s. f.* Trace d'un coup à l'œil.

OHEIN. Onomatopée du cri des enfants nouveau-nés.

Là d'sus, l' petit gin,
S' réveille et crie : *Ohein ! ohein !*

OSOIR. *v. a.* Oser.

OTIEU. *s. m.* Outil.

OUVRER. *v. n.* Travailler.

PA'. Abréviation de la préposition *par*. L'oreille exige cette abréviation lorsque le mot suivant commence par une consonne dure. Il en est de même de la préposition *pour*.

PACANT-TE. *s.* Paysan, paysanne.

PACOUL-E. *s.*   Id.

PACUS. *s. m.* Magasin où l'on dépose les marchandises qui doivent être vendues au marché.

PAËLE. *s. f.* Poêle à frire.

PAIN-D'-CURICHE. *s. m.* Réglisse noir en bâton. Avec ce produit, les enfants font une sorte de tisane qu'ils échangent contre des épingles, des aiguilles et autres objets de peu de valeur. Ils crient, pour attirer les petits clients: « *V'là du pain-d'-curiche pour eune épeinne, aiwille !* »

PAIN-PERDU. *s. m.* Tranches de pain blanc, trempées dans le lait, puis dans des œufs battus et sautées ensuite dans la poêle avec du beurre. On les saupoudre de sucre blanc ou gris au moment de les servir.

PAINS-PERBOLES. *s. m. p.* Petites boules de pain-d'épices que les enfants offraient, autrefois, à leurs parents et amis le jour de leur première communion.

PANA. *s. m.* Bénêt. Se dit particulièrement d'un grand garçon ou d'une grande fille dont l'intelligence est peu développée.

PANCHE. *s. f.* Panse.

PANCHETTE. *s. f.* Petite panse.—Morceau de la panse du cochon.

PANDOUR. *s. m.* Jeu de cartes.

PANTALISER (Se). *v. p.* Se prélasser, prendre ses aises.

PAOUR. *s. m.* Paysan, lourdaud.

PAPILLONNER. *v. a.* Terme du métier de filtier. Réunir le fil en poignée, lorsqu'il a subi le travail du *partissache* (partissage).

PAPIN. *s. m.* Blatte. Insecte ayant à peu près la forme du hanneton et qui se tient ordinairement dans les cuisines et autres pièces où l'on fait beaucoup de feu.

PARCHON. *s. f.* Part d'un héritage ; dot.

PARJURÉ. *s. m.* Nom d'une fête qui se célèbre à Lille le lundi qui suit l'Épiphanie. — Ce jour-là, les ouvriers vont, munis d'un sac disposé à recevoir des *pour-boire*, chez les clients de leurs patrons, souhaiter la bonne année. — Le soir on se réunit en famille et le roi du banquet de l'Epiphanie relève son royaume.

PARLER. *v. a.* S'emploie dans le sens de fréquenter, courtiser une jeune fille. — V'là tros ans qu'i *parle* à cheull' fille et i n' pinse poin' incore à s' marier.

PAROLI. *s. m.* Parlage; langage propre à un individu ou aux habitants d'une contrée.

PARTIR. *v. a.* « Terme du métier de filtier; c'est une abréviation du mot patois *épartir* (rendre épars). L'action de partir le fil c'est, lorsqu'il vient d'être battu, de le dégager des imperfections du travail primitif et de le rendre propre à la formation des écheveaux. » (Louis Vermesse, *Vocabulaire du patois lillois*.)

PARTISSACHE. *s. m.* Terme du métier de filtier. Voir *Partir*.

PAS (Avoir le). *Loc.* Exceller à faire certaines choses : J'ai *l' pas* pour canter; il a *l' pas* pour danser; il a *l' pas* pou' d'viser, pour gaingner d' l'argint.

PASQUILLE. *s. f.* Ce mot vient évidemment de pasquil, pasquinade, satire. Dans le sens lillois il ne signifie plus que *récit* ou scène dialoguée.

PATAR. *s. m.* Ancienne monnaie valant cinq liards.

PAUVERIEU. *s. m.* Personne chargée de distribuer des secours aux pauvres. En francisant : Pauvriseur.

PÉCHA. *adv.* Il y a longtemps, depuis longtemps.

PELLETTE. *s. f.* Petite pelle.

PÉNEUX-SE. *adj.* Penaud, penaude.

PERLIMPINPIN QU'AU TUO (Depuis l'). Connaître une affaire *d'puis l' perlimpinpin qu'au* (jusqu'au) *tuo*, c'est en savoir tous les détails.

> Ah! j' m'in vas tout vous dire,
> D'puis l' *perlimpinpin qu'au tuo*,

PERRUQUE (Perde s'). Perdre sa perruque, c'est manquer de mémoire dans un récit, dans une chanson. Dans ce dernier cas, voici le refrain que les auditeurs ne manquent jamais de chanter :

> Il a perdu s' perruque,
> Min cousin !
> Il a perdu s' perruque.

PETIT-CLERC. *s. m.* Enfant de chœur.

PETOTE. *s. f.* De *patate*, pomme-de-terre.

PIAU-DIVINE. *s. f.* Peau-divine. Nom populaire de la membrane dont certains enfants, en naissant, ont la tête enveloppée et qui, selon le dicton: *être né coiffé*, doit leur porter bonheur dans tout le cours de leur existence.

PICHATE. *s. f.* Urine. — *Pichate de cô* (coq), mauvaise boisson.

PICHE (Faire du). Voir *Fisque* ou *fique*.

PICHE-POT. *s. m.* Vase de nuit.

PICHON. *s m.* Poisson.

PICHOU. *s. m.* Partie extérieure d'un maillot. Il est fait ordinairement d'un tissu de laine très-grossière et spongieuse. Aussi, par analogie, toute étoffe commune ayant cette propriété est appelée *pichou*.

PIERRE-LIMANDE. *s. f.* Mot dont l'origine nous est complètement inconnue, mais qui rappelle certainement une chose très-précieuse.

Avoir soin d'un objet comme d'eun' *pierre-limande*; en avoir le plus grand soin.

PIGOUCHE. *a. d. d. g.* Douillet, douillette.

PINCHINA. *s. m.* Gros drap que l'on fabriquait autrefois en Flandre.

PINDERLOT. *s. m.* Long pendant d'oreille.

PIRONNELLE ou **PERRONNELLE** (Canter la). Chanter gaîment, avec entrain. Cette locution, encore très en usage à Lille, a pour origine une chanson fort gaie, fort populaire du temps de Louis XII et qui commençait ainsi: « *A vous point vu la Perronnelle?* » C'est, du moins, ce qu'avance Gui Barozai dans le glossaire joint à ses Noëls bourguignons. — Ed. de 1738.

PLACHETTE. *s. f.* Litt.: Placette, petite place. Mais nous n'employons ce mot que pour désigner la place dite *aux Oignons*.

Les rues *Coquerez*, des *Vieux-Murs*, au *Pétrinck*, la cour *Carnin* et la cour *à l'Eau* forment, avec cette place, le *quartier de l' Plachette*.

PLANÈTE. *s. f.* Horoscope ou bonne-aventure. Imprimé que distribuent ordinairement, dans les foires, les saltimbanques, les marchands d'orviétan et autres.

PLATE-BOURSE (Etre à l'). Etre sans le sou. — Enseigne d'un cabaret de Lille situé rue de la Barre.

PLATELLETTE (Marchand d'). On appelle ainsi les individus qui voyagent pour échanger, contre des os, des chiffons, du vieux fer, etc. des *plats* et *tellettes*, et en été des fruits.

PLATELLETTE. *s. m.* Terme injurieux. Plat, manquant de dignité; qui se met sans goût, malproprement.

PLATIAU. *s. m.* Plateau, de *plat.* Parler *platiau* se dit pour parler patois. On dit qu'un homme est un vrai *platiau*, lorsqu'il parle purement et ordinairement notre patois.

PLONQUER. *v. n.* Plonger.

P'LOTE. *s. f.* Pelote. Morceau de sucrerie commune dont le nom rappelle la forme. On l'appelle aussi *p'lote guilante.* (Voir Guiler).

P'LOTEUX-SE. *subs. et adj.* Terme du métier de filtier. Qui met le fil en pelotons. — Figurément, lambin, *lusot.*

PLUME (Savoir la). Savoir écrire. On prononce *plume*, dans ce cas, comme en français ; dans tous les autres on écrit et on prononce *pleumme.*

PLUQUER. *v. a.* Becqueter. Fig. Manger à petites bouchées, du bout des dents.

POCHON. *s. m.* Du mot *poisson*, nom d'une ancienne mesure de liquide. — *Boire un pochon*, signifie vider un verre.

POISSE. *s. m.* Poids.

POMPÊTE (Etre). *locution.* Etre en gaîté par l'effet de la boisson.

PONTIFICAT (In grand). Locution très-ancienne qui se trouve dans les vieux dictionnaires, notamment dans le *Dictionnaire comique, satirique, critique et burlesque* de Le Roux, et qui signifie : *Marcher avec pompe, en grande cérémonie.*

POQUETTES. *s. f. p.* Pustules de la petite vérole.

PORETTE. *s. f.* Espèce de toupie ayant la forme d'une poire. *poirette.* Figurément, avoir *eun' panche à porette*, c'est avoir un ventre en pointe.

PORTA. *s. m.* Portail.

PORTE-AU-SA. *s. m.* Mot à mot. *Porteur au sac*; portefaix.

POTÉE. *s. f.* Mesure pour les liquides. Une potée d'eau-de-vie, de genièvre, etc. Il y a aussi la *demi-potée.*

PORTELETTE. *s. f.* Voir *agrippin.*

POSTILLON. *s. m.* Petit morceau de papier qu'on enfile à la ficelle d'un cerf-volant (dragon), et qui, poussé par le vent, va le joindre en *courant* comme un postillon-conducteur.

POTA. *s. m.* Trou que font, les enfants, dans la terre, pour jouer aux billes.

POTACHE. *s. m.* Potage. Ne s'emploie en patois que pour désigner la soupe au *lait-battu.*

POUCHIN. *s. m.* Au propre, *poussin* ; au fig., mot amical et enfantin.

POUFRIN. *s. m.* Braises en poudre dont on se sert pour faire du feu dans les chaufferettes et à laquelle on allume le tabac.

POUR. Placé devant certains mots, comme *léquer* (lécher), *se mirer*, fait l'office de particule augmentative. Ainsi, *pourléquer* exprime une action plus forte que *léquer*. *S' pourmirer*, c'est se mirer, se regarder avec une sorte d'admiration.

POURCA. *s. m.* Quête ; vient évidemment du vieux mot pourchasser, rechercher avec persévérance.

POURCACHEU-SE. *s.* Qui fait un *pourca*, une quête.

POURETTE. *s. f.* Diminutif de *poure*, poussière. Charbon de bois très-menu.

POURLÉQUER. *v. a.* Lécher.

POURMIRER. *v. a.* Regarder attentivement et avec grand plaisir ; admirer.

POURMIRER (S'). *v. p.* Se mirer, se regarder avec complaisance.

PREMMES (Les). S'emploie, dans les jeux d'enfants, pour *premiers*, lorsqu'il s'agit de décider, quels seront ceux qui commenceront les premiers, la partie.

Même lorsqu'il n'y a que deux joueurs et que, par conséquent, un seul doit commencer, on donne à ce mot le signe de la pluralité : *Les premmes*.

PRONNE. *s. f.* Prune. Fig. soufflet.

PROUSSE (Faire). *loc.* Faire ribotte, être en goguette.

PROUSSE (Ete in). Etre courroucé, se mettre en colère.

PUN. *s. m.* Pomme.

PUN-D'-TIERRE *s. m.* Pomme-de-terre.

PUNACHE. *s. f.* Punaise.

PUQUE (Au). *loc. adv.* Au plus, tout au plus.

On in compte, *au puque*, eun' douzaine.

PURAIN-E. *adj.* Pur, véritable, sans mélange. *Tout purain chuc.*

PURER. *v. a.* Passer les cendres à un crible d'osier, pour en retenir les escarbilles. (P. Legrand).

Le crible dont il est ici question, se nomme *puro* ; en francisant *puroir*.

Q. En général, les mots français commençant par un *C*, commencent, dans notre patois, par un *Q*. Ainsi : commander fait *que-*

mander ou *qu'mander*; comment, *quemint* ou *qu'mint*; chemin, *qu'min*; cheminée, *quemeinnée* ou *qu'meinnée*; chemise, *quemiche* ou *qu'miche*; cher, *quer*; choisir, *queusir*.

QUARTELETTE. s. f. Diminutif de *quarteau*, petite tonne de savonnier. — Nom d'un ancien marchand d'oiseaux. A en juger par le quatrain ci-dessous d'une chanson lilloise qui l'a rendu célèbre, c'était, de plus, un fervent disciple de Bacchus :

> Connàichez-vous Quartelette,
> Quartelett', marchand d'ojeaux ?
> Pour avoir *bu* eun' canette
> I s'a réduit au tombeau.

J'ai dit de lui dans ma chanson des célébrités lilloises :

> A forch' de s' divertir,
> Il s'a fait morir
> A *boire eun' canette*...
> Mais l' canchon n' nous dit point,
> Si ch'est d' bière, ou d' vin,
> De schnick.. ou d' brandvin.

QUARTERIER-ERE. adj. On emploie ce mot pour désigner une personne infirme, de ce que, autrefois, tous les trois mois, c'est-à-dire à chaque quart de l'année, on allait confesser, à domicile, les personnes invalides. De là *quarterier*, *quarterière*. S'emploie substantivement. *Un quarterier, eun' quarterière*.

QUEMEINNÉE ou **QU'MEINNÉE** par abréviation. s. f. Cheminée.

QUEMIN ou **QU'MIN** par abréviation. s. m. Chemin.

QUENECQUE ou **QNECQUE.** s. f. Petite bille en terre cuite, qui sert à des jeux de garçons.
Locution: *Invoyer quequ'un juer à qnecques*, c'est l'éconduire, s'en débarrasser sans façon.

QUÈRE. v. a. Quérir, chercher. Ne s'emploie qu'à l'infinitif et avec les mots *aller, venir, envoyer*.
J'irai *quère* eun' canette; min filleu est v'nu m' *quère* sin dimanche.

> Par eximple, il invoira *quère*,
> De l' moutarde à des marchands d' foin.

QUERRE. v. n. Tomber, choir.

QUEU. part. p. du verbe *Querre*.

QUEU, QUEUL. Quel. On retranche l' *l* chaque fois que le mot suivant commence par une consonne.
Queul imbécile ! Queu drôl' d'homme !

QUEUETTE (Faire). Faire l'école buissonnière.

Dans son *Oraison pour la crèche, adressée à toutes les belles dames de Douay*, l'une des plus jolies poésies patoises que je connaisse, Madame Marceline Desbordes-Valmore a très-heureusement employé ce mot au figuré :

> J'ai l' cœur poché pus gros que m' tiête,
> Et j'intinds dir', quand on me r'wette :
> On dirot que s'n âm' fait *queuette* !

QUER (Avoir). *loc.* Aimer tendrement, chérir.

QUER-E. *adj.* Cher, qui coûte beaucoup.

QUERTIEN-NE. *s* Chrétien, chrétienne.

QUEVA ou **QVA.** *s. m.* Cheval.

QUIN, QUINQUIN, PETIT QUIN. Mots d'amitié qu'on adresse aux enfants et aussi aux personnes du sexe.

QU'MINCHER. *v. a.* Abréviation de *quemincher*, pour commencer.

QUOLIBIEC. *s. m.* Quolibet.

RABROUTTER. *v. a.* Litt. *Se rebrouetter;* revenir à l'endroit d'où l'on était parti.

RACACHER. *v. a.* Litt. chasser, rechasser. Terme du jeu du volant. Lancer le volant avec les revers de la raquette.

RACHEMER (pr. *rach'mer*). *v. a.* A le sens de coiffer lorsque, parlant d'une fille qui se destine au célibat, on dit qu'elle va *rach'mer* Sainte-Catherine. Cependant, être *mal rach'mé* ou *bien rach'mé*, par antiphrase, cela signifie être *mal habillé*.

RACCROC. *s. m.* On appelle *raccroc* d'une fête la suite qu'on lui donne quelque temps après. Ainsi le *raccroc* d'une *ducasse* a lieu ordinairement à son octave ; le repas qu'on offre à de jeunes époux à la noce desquels on a assisté, se nomme *raccroc de noce*. On entend sans doute par cette expression, qu'en se réunissant de nouveau on se *raccroche* à ces fêtes.

RACCUSER. *v. a.* Terme enfantin. Rapporter, dénoncer.

RACCUSETTE. *adj. et subs. d. d. g.* Rapporteur, rapporteuse.

RACOIN. *s. m.* Recoin.

RAING D'ONGNONS (In). *loc.* Se placer en ordre, les uns contre les autres.

RAMBOUR. *s. m.* Coup de poing étourdissant.

RAMINTUVOIR. *v. a.* Ramentuvoir. Vieux mot français signifiant : Faire ressouvenir, remémorer.

RAMON. *s. m.* Balai. — Nom d'une ancienne danse encore en usage dans les noces d'ouvriers. C'est un pas de deux. L'un des danseurs tient en main un balai démanché. Il le pose tantôt sur une épaule, tantôt sur l'autre, puis entre les jambes, sous un bras, au-dessus de la tête, etc. L'autre danseur, placé derrière le premier, est armé du manche qu'il cherche à introduire dans le balai, et la danse finit lorsqu'il y réussit, ou que, vaincu par la fatigue, l'un des deux abandonne la partie.

RAMONCHAU. *s. m.* Diminutif de *ramon*. Petit balai

RAPPAJER. *v. a.* Appaiser, calmer.

RAPPE. *s. f.* Navet.

RAP'TICHER. *v. a.* Rapetisser.

RAQUE (Rester in). *loc.* Rester court au milieu d'un récit, d'une chanson, d'un discours. Ne pouvoir se tirer d'une position difficile. On dira, par exemple, d'une voiture arrêtée dans un mauvais chemin, qu'elle est *restée in raque*.

RATIAU. *s. m.* Apprenti rattacheur dans les filatures de coton.

RECHENNER (pr. *r'chenner*). *v. n* Repas entre le dîner et le souper.

S'emploie substantivement. *V'la min r'chenner :* Eun' tarteinne et deux poires.

RÉCOURRE. *v. a.* Recouvrer, sauver une chose en danger d'être perdue.

J'ai brûlé min sarrau, je n' porrai rien *in récourre*.

A aussi le sens de : *échu en partage*. Dins l'héritache de min grand père, j'ai tout bonn'mint *réqueu* eun' vielle capote.

REGÉROT-E (pr. *r'gérot-e*). *adj.* Qui a la tête faible, légère.

S'emploie substantivement. Ch'est un *r'gérot*, i n'a point tout sin poisse.

RÉGIMINT (Grand). Grand régiment, manière de désigner le mariage.

RÉMOLA. *s. m.* Sorte de rave ou de radis gris.

RENARÉ-E (pr. *r'naré-e*). *adj.* Rusé, fin comme un renard.

On s'in va tout novice,
On r'vient r'naré comme un fichau.

REPOURER. *v. a.* Epousseter, ôter la poussière.

REQUÈRE (pr. *r'quère*). *v. a.* Rechercher.

REQUINQUÉ-E (pr. *r'quinqué-e*). *adj.* Habillé à neuf.

RESSUER. *v.* Essuyer.

RETOURNER (Savoir se). (pr. *r'tourner*.) Savoir se tirer avantageusement d'une affaire difficile ; n'être embarrassé de rien.

RÉU. *adj.* Etre très-embarrassé, à bout de moyens.

REVIDIACHE (pr. *r'vidiache*). *s. m.* De *vider*, terminer. De même qu'on a le *raccroc* d'une noce, d'une ducasse, on a le *raccroc* d'un baptême qui le *termine ;* c'est le *r'vidiache.* Il a lieu dans un cabaret le jour de la cérémonie des relevailles.

RIACHE. *s. m.* Action de rire.

Je ne puis résister au désir de transcrire ici ce quatrain de mon devancier Brûle-Maison :

> L' peur qu'on a de s' mette in ménache,
> Va, laichons cha pour les rich's gins,
> Avec leu-z-argint
> I n'acat'ront mie du *riache.*

RICDOULLE *s. f.* Ribote.

RICHO. *s. m.* Ruisseau, fil d'eau.

RINQUINQUIN (Faire l'). *Locut.* Etre rétif, rebelle ; faire le mutin.

RINSE. *s. m.* Mauvais sujet.

RINSÉRER. *v. a.* Enserrer, enfermer, renfermer.

RINTRÉE. *s. f.* Sortie, facétie. On dit d'un farceur: *Qu'il a des drôles de rintrées !*

ROBORER. *v n.* « A Valenciennes, je crois, comme à Douai et autres lieux, *roboler* est une expression en usage pour signifier, murmurer contre, manifester par des murmures ou des grognements, le désir ou l'intention de regimber, de se revenger. C'est le *reboare* des latins qui signifie directement remugir, répondre par un mugissement. A Lille on dit *roborer* » (Doct. Escalier, *Remarques sur le patois.*)

RO BOT! Cri que l'on fait entendre, dans les soupers de l'Épiphanie, lorsque le Roi vient à boire. Le Roi boit ! C'est le seul cas où l'orthographe du mot roi diffère du français. On écrit *roi* et l'on prononce *roye.*

ROJIN. *s. m.* Au propre, raisin. Au figuré, mot amical. S'emploie ordinairement avec un qualificatif, comme *biau rojin, gros rojin, p'tit rojin.* — *Rojin* s'emploie aussi pour *soufflet.*

RONDELLE. *s. f.* Tonneau de brasseur.

RONGNEUX. *s. m.* Terme de mépris. Petit, faible, malingre.

Traiter quelqu'un ou quelque chose de rogneux, c'est comme si l'on disait qu'il est incomplet, qu'il est *rogné*.

RONGNONS (Aux ou à). Jeu de garçons. « C'est une variante des jeux du *saut du mouton* et du *cheval fondu*. *Aux Rongnons*, le cheval, loin de se fondre et de se dérober sous le camarade qui le franchit, reçoit sur les reins tous les joueurs qui, successivement, s'accumulent les uns sur les autres, jusqu'à extinction de force. » (P. Legrand, *Dict. du patois de Lille*.)

ROUSTI-E. *adj.* Rôti, grillé. Fig. Etre déchu, ruiné, mort.

ROUCHE et RACHE (Faire). Locution équivalant à celle-ci : *Faire monts et merveilles*.

RUER-JU. *v. a.* Renverser, jeter par terre.

RUSSES. *s. f. p.* Embarras. Faire des russes, causer des peines, des tracasseries.

RU-TOUT-JU. *a. d. d. g.* Franc, sans détour, sans-souci. S'emploie substantivement. *Un biau ru-tout-ju, eun' grosse ru-tout-ju*.

SAHUTIAU. *s. m.* Petit *sahu* ou sureau. Il y a à Lille une rue *des Sahuteaux*, d'après la plaque officielle, et *des Sahutiaux*, suivant la prononciation locale.

SAINT-PIERRE-PAR-NUIT (Faire). *Loc.* Déménager furtivement, sans payer son loyer.

SAQUER. *v. a.* Tirer. — Dans le sens neutre, travailler avec ardeur, faire un travail fatigant.

SAUTERIAU. *s. m.* Sauterelle.

SAURET. *s. m.* Hareng-saur.

SAVEZ (Dire). *Loc.* Acheter à crédit.

SCHNICK. *s. m.* Genièvre.

SÉ. *s. m.* Sel.

SEGLOUT. *s. m.* Hoquet.

SÉQUI. *subst. indéfini.* Quelqu'un.

SÉQUOI. *s. m.* Chose, quelque chose. On admet assez généralement que ce mot est une contraction de *je ne sais quoi*, *on ne sait quoi*, bien qu'il n'y ait pas de négation dans ces phrases : *Queu biau séquoi ! des p'tits séquois, gramint d' séquois*, et que l'on *sache* parfaitement ce que sont les objets ainsi désignés. On croit aussi qu'il vient de l'allemand *sache*, chose.

Quoi qu'il en soit, me guidant sur la prononciation, j'emploierai dorénavant la négation *n'* pour *ne*, chaque fois que ce mot sera immédiatement précédé de l'adjectif numéral *un*. Un *n' séquoi*, et non, comme je l'ai fait dans mes précédents volumes : *eun' séquoi*.

SERGENT-DE-CHOEUR. Suisse de paroisse.

SERPETTE. *s. f.* Voir grippette.

SEU. *a. d. d. g.* Seul, seule.

SNACK. *s. m.* Avoir *du snack*, un *bon snack*. Prévoir les choses de loin, avoir le nez fin.

SNU. *s. m.* Tabac à priser. De l'allemand *schnupfen*.

SO. *s. f.* Soif.

SORLET. *s. m.* Soulier. — *Sorlets..... Vieux !!!* Cri des savetiers lillois lorsqu'ils parcourent la ville pour acheter, ou trouver à raccommoder, de vieilles chaussures.

SOSSOT-TE. *adj. et subst.* Dim. de sot, sotte.

SOULA. *s. m.* Soulagement.

SOULOT-TE, *adj. et subst.* Soulard-de.

TABLETTE. *s. f.* Morceau de sucre, carré de forme et de la grandeur d'un sou, nouveau modèle, avec lequel on boit le café. On a beaucoup critiqué nos Lilloises sur leur goût immodéré du café. Je crois devoir dire en leur faveur qu'on n'en a guère vu ruiner leur mari avec ce goût-là, car elles en font cinq ou six tasses avec une demi-once et elles partagent ladite *tablette* en quatre morceaux.

TAHUTER. *v. n.* Pleurer à sanglots.

TAION-NE. *s.* Bisaïeul, bisaïeule.

TAMBOUR-MUSCAT. *s. m.* Tambour de basque.

TAMIJER. *v. a.* Tamiser. Fig. *tamijer fin*, c'est s'appesantir plus qu'il ne convient sur des faits de peu d'importance.

TARIARD-E. *adj. et s.* Moqueur, moqueuse.

TARIER. *v. a.* Se moquer de quelqu'un.

TARIN. *s. m.* Verre de vin, de liqueur ou de bière.

TARNIOLLE, *s f.* Soufflet.

TARTEINNE. *s. f.* Tartine. Fig. soufflet. On appelle *Rintier' à tarteinnes*, ceux qui n'ont juste que ce qu'il faut pour vivre avec économie, en ne mangeant, pour ainsi dire, que des tartines.

TASSE. *s. f.* Poche, de l'allemand *tasch* et du flamand *tas* qui ont la même signification.

TASSIAU. *s. m.* Pièce à un objet quelconque et particulièrement à un vêtement.

TATOULE. *s. f.* Volée de coups.

TAUDION. *s. m.* Taudis.

TELLE. *s. f.* Vase en terre cuite.

TELLETTE. *s. f.* Petite telle.

TÉLOT. *s. m.* Vase en terre cuite, sans oreille, plus grand qu'une tellette et plus petit qu'une telle. (L. Vermesse *Vocab. du patois lillois.*)

TÈRE. *a. d. d. g.* Tendre, délicat, en parlant, surtout, des aliments.

Du pain *tère*; *tère* comme du poulet.

TERFOND. *s. m.* Savoir le fond et *l'terfond* d'une affaire, la connaître parfaitement.

TERLUIRE. *v. n.* Reluire.

TERTOUS. Tous.

TI. *p. p.* Toi.

TIMBLET. *s. m.* Faire des timblets. Jeu de garçons. Le timblet consiste à poser la tête sur le sol et à se renverser les pieds en avant.

TIMPE. *adv.* Tôt, de bon matin. Se lever *timpe*.

Ouvrer *timpe et tard*, *loc.* Travailler tôt et tard.

Dicton : *Timpe queva, timpe caronne* (charogne). C'est-à-dire : qui use trop tôt des plaisirs de la jeunesse, arrive vite à la caducité.

TINTIN, TITINE. *noms propres.* Célestin, Célestine.

TOILIERE. *s. f.* Marchande à la toilette, qui vend à payer *tant* par semaine.

TORCHE. *s. f.* Bonne chère. Faire *eun' torche*, un bon repas.

TORTIN. *s. m.* Objets tordus ensemble et formant un rouleau, un paquet. Un *tortin* d' paille.

TOUDIS. *adv.* Toujours.

TOUSSE. *s. f.* Toue.

TOUT-QUOI ou **TOUT-COI**. (pr. *quoye*.) *Loc.* Continuellement. I reste *tout quoi* à s' mason; j'ai tell'mint so, que j' buv'ros *tout coi*.

TOUTOULLE. *s. f.* Femme sans ordre.

TRANNER. *v. n.* Trembler. — *Tranner les fièves;* avoir très-froid. *Tranner les guinguettes;* avoir peur.

TRIPETTE. Expression de mépris. On dit d'une mauvaise femme, qu'elle ne vaut pas *tripette*, et d'un objet sans valeur : *Cha n' vaut point tripette*.

TRITRONS. *s. m. p.* Triton, par épenthèse. Terme de musique. Accord dissonnant composé de trois tons. On se sert de ce mot pour caractériser la *mélodie* que produisent plusieurs cloches en branle. Ainsi, lorsque les cloches d'une paroisse annoncent l'ouverture (l'*accord*) de la ducasse, les enfants se mettent à chanter :

> Allez, tritrons!
> Du bon gambon,
> Nous en maing'rons.....
> Si nous n' n avons.
> Allez cloques. (Bis.)

TROMPETTE DE DUCASSE. Jouet d'enfants; petite trompette.

TURLUTUTU. *s. m.* Mirliton; onomatopée du chant qu'il produit.

U et **UCHE**. *adv.* Où et où est-ce.

V et **W**. Ces lettres, dans le patois du Nord, se substituent très-souvent au *g* français. Ainsi garder se prononce et s'écrit : *varder* ou *warder;* aiguille, anguille font : *aiwille, aniwille;* guetter ou regarder attentivement se traduit par *vétier* ou *r'vétier;* enfin les noms patronimiques de Watteblé, Watecamps, Watier, signifient : gâte-blé, gâte-champ, *gateur* ou gacheur.

VACLETTE. *s. f.* Chaufferette. Ce vers de la pasquille, *Violette* :

> Eun' femm', qui tient dins s' main s' vaclette....

est le résultat d'une observation. Il y a en effet des femmes qui ne sortent jamais sans être munies de leurs *vaclettes* qu'elles tiennent sous leur tablier.

VAROULER. *v. n.* N'être jamais à demeure fixe; aller et venir.

VAROULEUX-SE. *s.* Qui varoule; c'est-à-dire qui *va et roule*, comme le commissionnaire, par exemple. — Dans les filatures de lin on appelle *varouleuses* les ouvrières chargées d'aller, de de métier en métier, aider les fileuses à faire la levée, c'est-à-dire, à renouveler les bobines.

VIEUSERIE ou **VIEUS'RIE.** *s. f.* Vieillerie.

VIEUVAR. *s. m.* S'est dit spécialement pour : *Vieilles hardes*. Sert maintenant à désigner toutes sortes d'objets de friperie : vieux vêtements, vieux ustensiles de ménage et autres.

VINAIGRETTE. *s. f.* Caisse de voiture reposant sur deux roues, et traînée entre deux brancards par un homme que le peuple appelle *cheval chrétien*. C'est l'ancienne chaise à porteur devenue roulante. Le nom de ce véhicule lui vient, selon moi, de l'analogie qu'il présentait, dans le principe, avec la brouette du vinaigrier. (*Pierre Legrand.*)

VIR. *v. n.* Voir.

VIR (Faire). Faire voir. *Loc.* Comme il y a, presque toujours, dans les jeux, un mauvais rôle à remplir et que, souvent aussi, il est avantageux de commencer la partie, pour éviter toute contestation à cet égard, c'est le sort qui décide, soit en jouant à pile ou croix, soit en tirant à la courte-paille.

Cette opération s'appelle : *faire vir*.

On fait donc *vir pour les premmes* (voir ce mot) ou pour qui *y sera*.

Y être, est une autre locution signifiant : Etre chargé de faire telle ou telle chose, comme de se cacher, de courir après les autres, de remettre un bouchon sur pied chaque fois qu'on l'abat, etc., en un mot, de faire une sorte de corvée.

VOISSE. *s. f.* Voix.

VOLONTAIRETTE *a. d. d. g.* Volontaire, capricieux.

ZANTE ou **ZANZANTE.** *nom propre.* Contraction d'*Aleczante*, Alexandre.

ZOUZOU (Vieux). Terme de mépris dont le sens n'est pas exactement déterminé, mais qui signifie ordinairement : vieux paillard, vieux débauché.

TABLE ALPHABÉTIQUE

DES

CHANSONS ET PASQUILLES

CONTENUES DANS LES QUATRE VOLUMES.

	Volumes	Pages
Agilité (L'), *pasquille*	4	203
Agrémints du Mariache (Les).	3	79
Ah ! qu' ch'est sot d'ête amoureux !	4	122
Aie-iae-iaé !	4	60
Almanach de poche (L')	1	149
A mes Chansons, *préface en forme de romance*	2	V
Amoureux farceux (L')	4	147
Amours de Jacquot (Les).	4	134
Amours de Jeannette et de Girotte (Les) . .	1	24
Amours du Diable et de l'Fille d'un Porte-au-sa	2	187
Archers du Soleil-Levant (Les)	2	173
Ascension au Beffroi (L').	3	99
Attrape' à balous (Les).	3	200
Avaricieux (L')	4	42
Aventure de Carnaval (Une)	2	41

	Volumes	Pages
Babillarde (La)	4	68
Baptême du Petit-Riquiqui (Le)	4	165
Bâtisse l' Lusot	3	147
Bernatière sans odeur (L')	4	152
Biau Garchon (Histoire d'un)	1	145
Bière (La)	1	132
Bistocache de Sainte-Catherine (Le)	1	117
Bolis (Souvenirs de)	1	156
Bonheur du ménage (Le)	1	159
Bonnes Gins d' Saint-Sauveur (Les)	1	101
Bonnet de coton (Le), *pasquille*	2	130
Boutique à Six Sous (La)	3	163
Braderie (La)	1	56
Broquelet d'aujourd'hui (Le)	2	141
Broquelet d'autrefois (Le)	1	72
Brûle-Maison	1	1
Cabaret (Le)	2	97
Cabaret du Pélerin (Le)	1	113
Cabaret du Petit-Quinquin (Le)	4	105
Cabarets-Concerts (Les)	4	175
Cabar'tier du P'tit-Chav'tier (L')	4	125
Café (Le)	4	9
Cafetière (La)	4	209
Canchon-Dormoire (L')	2	49
Canchon-Thrinette et l'Imp'reur de Russie	2	93
Carnaval (Le)	2	125
Cartes (Les)	3	67
Casse-Bras, ou *Une Conduite à l'Hospice-Général. Pasquille*	1	167
Cave des Quatre-Martiaux (La)	4	160
César-Fiqueux, ou *l' Gasconneux*	2	181
Choisse et Thrinette, ou *le Prêt à la Petite-Semaine. Pasquille*	2	61
Comète du 13 juin 1857 (La)	3	151
Complainte d'un Guetteu	3	228

	Volumes	Pages
Complainte d'une Veuve	4	56
Conscrits de l'an 56 (Les)	3	3
Consolatrice des cœurs désolés (La)	1	97
Cousin Myrtyl, ou l' *Poisson-d'Avril*	3	27
Craqueu (L')	3	127
Crick-Mouils (Les)	3	171
Crieur de la ville (Le)	1	77
Croqsoris	2	81
Curiosité (La)	2	13
Curiosité (La). Couplets supplémentaires	2	199
Dame Victoire	3	31
Deux Commères (Les)	1	20
Deux Gamins (Les), *duo*	2	149
Deux Marieux gourés (Les), *duo*	3	87
Douce Consolation (Une)	4	223
Dunkerque (Souvenirs de)	1	135
Ducasse de Saint-Sauveur (L')	2	105
Faux Conscrit (Le), *duo*	1	61
Femme discrète (Une)	1	68
Femme du Perruquier (La)	3	115
Fille à Gros-Philippe (La)	2	22
Foire de Lille (La)	1	109
Garchon d'Hopita (L)	2	5
Garchon d' Lille (L')	3	6
Garchon-Girotte (L')	1	124
Garchon-Girotte (L') *à la Soirée de M. Linski*	2	25
Garchon-Girotte (L') *au Concours de Troyes*	1	162
Graingnard (L')	4	38
Graissier (L')	4	13
Grosse-Rougette	3	135
Habit d' min Grand-Père (L')	3	75
Héritier (L')	4	51

	Volumes	Pages
Histoire amoureuse et guerrière d'un Tambour	2	37
Hiver (L')	3	175
Homme marié (L'), ou *Conseils aux Célibataires*	1	139
Homme né coiffé (Un)	3	207
Hommes-Pichons (Les)	4	82
Ivrogne et sa Femme (L')	1	44
Jacquo le Balou	1	105
J'ai du Mirliton	3	56
Jean-Gilles	4	156
Jeanne-Maillotte	3	123
Jour de l'An (Le)	2	1
Jour des Noces (Le)	3	19
Lettre à Mimile, sur les transformations de la ville de Lille	4	189
Lettre de Popold, soldat de l'armée d'Orient	2	185
Lettre et le Portrait du Tambour-Maître (La)	1	12
Lillos-Trompette (L')	1	173
Lingots d'or (Les)	1	199
Liquette	2	133
Liquette, ou *Conseils à une Jeune Fille qui doit se marier*	4	23
Lolotte. *Pasquille*	3	235
Lundi de Pâques (Le)	1	152
Lydéric et Phinaert	1	37
Madeleine, ou *l' Vieux Rintier amoureux*	2	169
Maflants (Les)	2	121
Manicour	2	77
Manoqueux (L')	4	117
Marchand d' faltran (L')	4	170
Marchand d' macarons (L')	2	45
Marchand de pommes de terre (Le)	1	28

	Volumes	Pages
Marie-Claire. *Pasquille*	1	189
Marionnettes (Les)	1	127
Marquis d' Bielle-Humeur (L')	4	96
Minique l'Arlequin	1	184
Molin Duhamel (L')	2	33
Mont-de-Piété (L')	4	109
Morale de Roger-Bontemps (La)	2	146
Mort d'Azor (La)	3	15
Moucho d' Liquette (L')	2	179
Mouchoir (Le)	2	177
Naïveté d'une Cabaretière. *Pasquille*	3	138
Nez de Marie-Rose (Le)	3	103
Nicolas, ou *le Baiser volé*	2	89
Noce de César (La)	1	178
Notice sur l'orthographe du patois de Lille	1	III
Nouvelle-Aventure (La)	2	19
Nunu (Le)	3	112
On n' peut pus croire à rien	4	73
Pana (L')	4	47
Parjuré (L')	4	205
Parrainage (Le), ou *le Baptême du Petit Marchand de Lait*	2	8
Patrice, ou *Récit naïf d'une Jeune Dentellière*	1	89
Petit Doigt (Le)	3	219
Petit-Parrain (Le)	4	3
Petit-Price et Marianne-Tambour	3	231
Petit-Quinquin (Le) (*Canchon-Dormoire*)	2	49
Petit Rentier (Le)	4	113
Petit Sergent sans moustaches (Le)	3	183
Philippe-le-Bon	4	142
Ph'lippe et Ph'lippine	3	159
Planète (La)	4	138
Portraits (Mes)	4	28

	Volumes	Pages
Prédictions de m'n Armena (Les)	2	85
Promenade en Bateau (Une). — Aller	2	189
Idem — Retour	2	194
Proverbe en action (Un)	1	203
Rattacheuse (La)	4	18
Retour de Nicaise (Le). *Pasquille*	1	80
Rêve de François (L')	3	195
Revenants (Les). *Pasquille*	4	185
Rêves (Les)	3	140
Ro bot, ou *le Banquet des Rois*	1	7
Roi des Perruquiers (Le)	2	161
Ronde du temps passé	4	219
Rosette	3	211
Ru-tout-ju (L')	3	187
R'vidiache (Le). *Pasquille*	1	47
Sergent-de-Chœur (Le)	3	63
Si j'étos Garchon !	4	129
Singulière Séparation (Une)	1	93
Sorlets vieux !… ou *l' Vieux-Chav'tier*	3	43
Spectacle gratis (Le)	1	16
Souvenances (Les), ou *l'Amour ombrageux*, *Duo*	4	194
Tables tournantes (Les)	2	54
Testament (Le)	3	39
Valet de Société (Le)	4	87
Vieille Dentellière (La)	2	100
Vieilles Croyances (Les)	3	51
Vieux Cabaret (Le)	4	33
Vieux Fripier (Le)	4	77
Vieux Ménétrier (Le)	1	121
Violette. *Pasquille*	2	109
Violette. *Chanson*	2	115

	Volumes	Pages
Violette (Le Mariage de). *Pasquille*	4	213
Vinaigrettes (Les)	4	92
Vingt ans	4	181
Vive l' Crinoline !	4	101
Vivent les Lillos !	2	166
Vocabulaire	4	225
Voyage à Arras (Mon)	4	64
Voyage à Paris	1	31

Lille, L. Danel.

CHANSONS LILLOISES

Musique

4ème VOLUME

L' PETIT-PARRAIN.

Lith Boldoduc frères à Lille

LE CAFÉ.

L'GRAISSIER.

Lith. de Boldoduc fr. à Lille

CONSEILS A UNE JEUNE FILLE

MES PORTRAITS.

Air de Desrousseaux

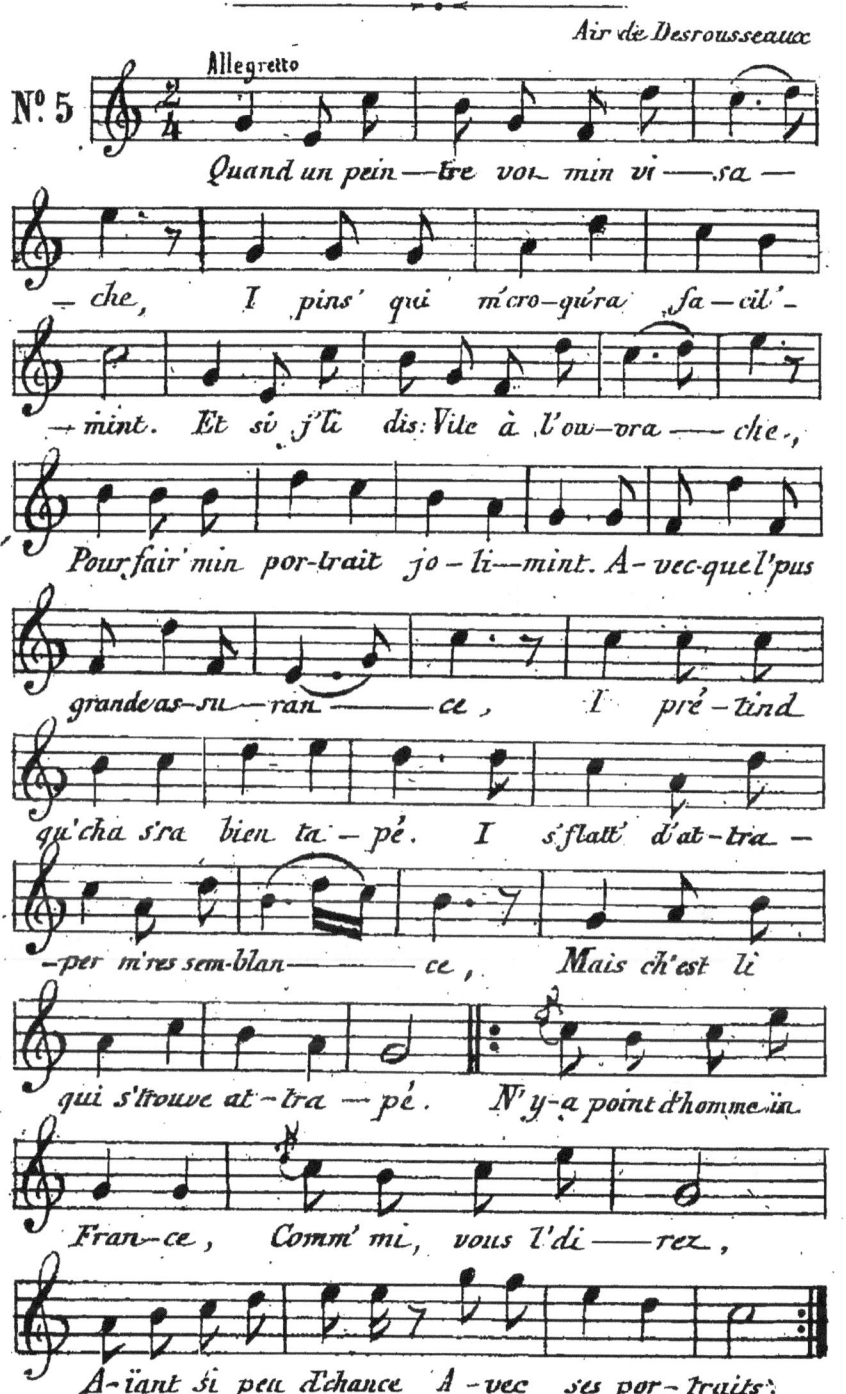

N° 5 Allegretto

Quand un pein—tre voi min vi—sa—che, I pins' qui m'cro-qu'ra fa-cil'-mint. Et si j'li dis: Vite à l'ou-vra—che, Pour fair' min por-trait jo-li—mint. A-vec quel'pus grande as-su-ran—ce, I pré-tind qu'cha s'ra bien ta-pé. I s'flatt' d'at-tra-per m'res sem-blan—ce, Mais ch'est li qui s'trouve at-tra—pé. N'y-a point d'homme in France, Comm' mi, vous l'di—rez, A-iant si peu d'chance A-vec ses por-traits.

LE VIEUX CABARET.

L' GRAINGNARD.

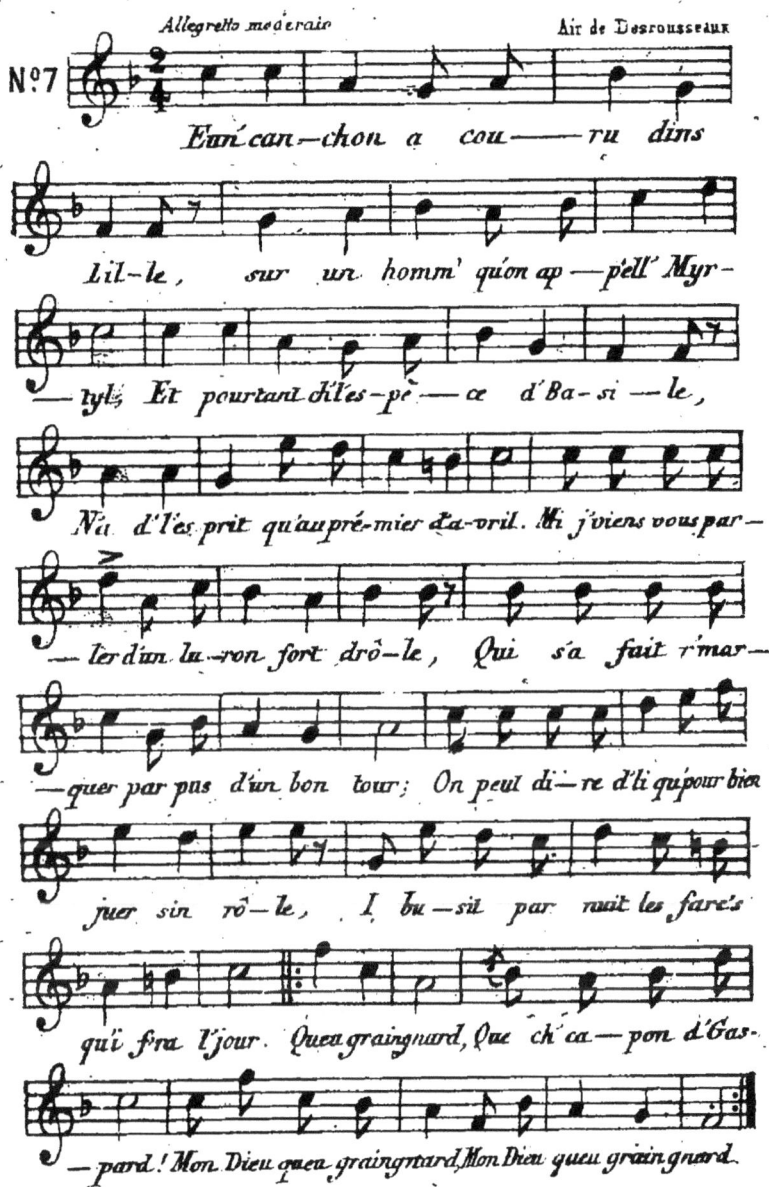

L'AVARICIEUX

L'Manoqueux.

Air de Desrousseaux

Allegretto.

N.° 8

Sans gra-mint ca-cher dins Lil—le, on trouv'-rot des brav's fil—tiers, qui, pour él'—ver leu fa—mil-le faitt'nt jus—qu'à ching six mé—tiers. Mais Ma—ni queux, min com-pè—re, est in aut' gaillard que cha, J'ra-cont'-rai chin qui sait fai—re, et cha-cun d'vous ré-pét-ra : Ah! l'pus malin ma—no—queux, ch'est Ma-ni-queux, ch'est Ma-ni-queux! Ah! l'pus malin ma—no-queux, ch'est Ma-ni-queux, ch'est Ma-ni-queux.

LE PANA.

L'HÉRITIER.

Allegretto. Air de Desrousseaux

N° 10

Que j'vous ra—conte eune af—
—fai—re : L'aut jour, à l'heur' du goû—ter, Je r'chos—
t'vi—sit' d'un no—tai—re, qui m'dit
que j'viens d'hé—ter D'un cou—sin mort au Mé—
—xi—que, Et que j'n'ai ja—mais con—nu. Aus—si—
—tôt j'quait—te m'bou—ti—que Pour al—
—ler r'che—voir mon dû. Pus d'tris—
—tes—se ! A l'ri—ches—se, In—fin me v'là par—ve—
—nu, J'ai deux mill' francs de r've—
—nu ! J'ai deux mill' francs de r've—nu.

COMPLAINTE D'UNE VEUVE

MON VOYAGE A ARRAS.

ON N'PEUT PUS CROIRE A RIEN.

L' BAPTÊME DU P'TIT RIQUIQUI.

Air de Desrousseaux

N° 15

Allegretto

Dins l'cou-rant du der-nier Ca-rê-me, Min cou-sin Ri-qui-qui, l'ma-chon, Par un ma-tin, vient m'dir' que s'fem-me est ac-cou-chée d'un gros gar-chon. J'accep-te d'bon cœur, Pou l'sur-lind'-main, d'êt' au bap-tê-me, Mais là! vrai d'hon-neur, Je n'con-nai-chos point min bon-heur. Ah! mon Dieu qu'j'ai ri, ha! ha! ha! ha! hi! hi! hi! hi! Ah! mon Dieu qu'j'ai ri, au bap-têm' du p'tit Ri-qui-qui!

LE VIEUX FRIPIER.

LES HOMMES PICHONS.

La Crinoline.

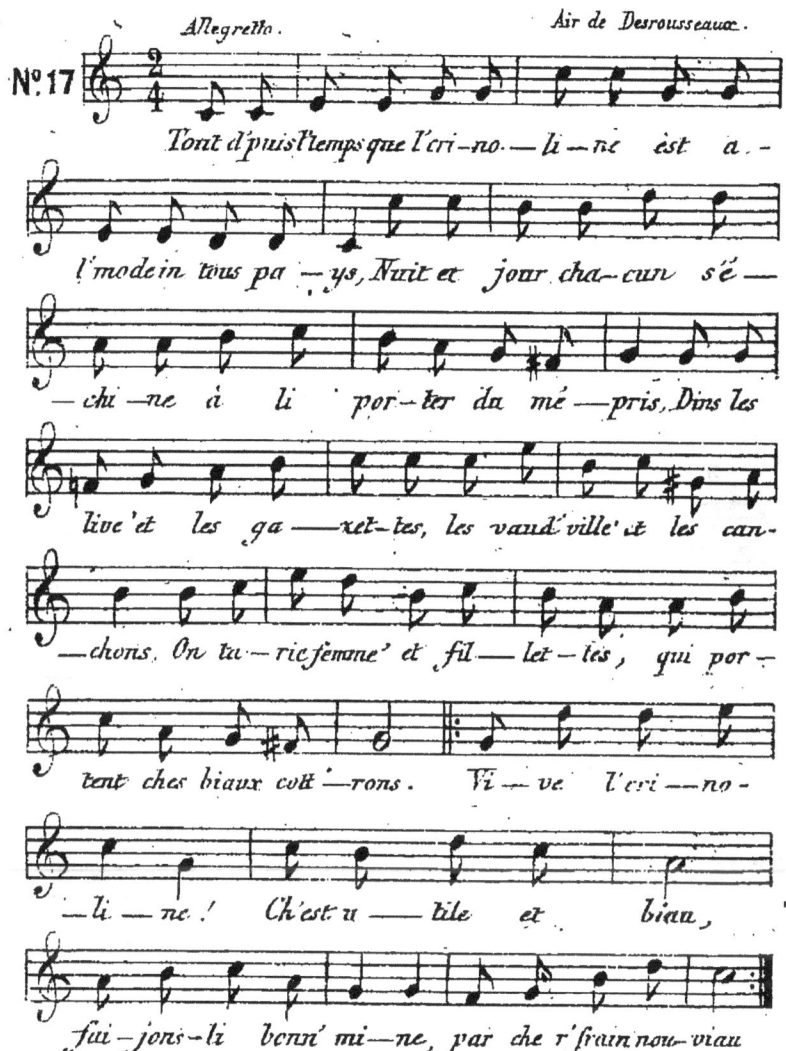

N° 17. Allegretto. Air de Desrousseaux.

Tout d'puis l'temps que l'crino-li-ne est a-
l'mode in tous pa-ys, Nuit et jour cha-cun s'é-
-chi-ne à li por-ter du mé-pris, Dins les
live' et les ga-zet-tes, les vaud'ville' et les can-
-chons. On tu-rie femme' et fil-let-tes, qui por-
-tent ches biaux cott-rons. Vi-ve l'cri-no-
-li-ne ! Ch'est u-tile et biau,
fai-jons-li bonn' mi-ne, par che r'frain nou-viau

L' VALET D'SOCIÉTÉ

LES VINAIGRETTES.

L'MARQUIS D'BIELLE-HUMEUR.

N.º 20 Allegretto. Air de Desrousseaux

Con-nai-chez-vous l'vieux Clo-tai-re, Mar-chand d'puns d'tierre et d'car-bon? I faut que d'sin ca-rac-tè-re, j'vous donne un é-chan-til-lon. Je n'pins' point qu'cha vous fra ri-re, Mais j'ré-ponds qu'vous al-lez di-re Que d'puis l'temps d'Ma-thieu Sa-lé Sin pa-rel n'a vu l'so-lei. Mon Dieu queu vi-lain mo-dè-le! Ch'est pour cha qu'su'Saint-Sau-veur, On l'ap-pel-le L'Mar-quis d'Bielle hu-meur!

L' PETIT RINTIER.

SI J'ÉTOS GARCHON.

LES AMOURS DE JACQUOT.

LA PLANÈTE

L'AMOUREUX FARCEUX.

JEAN-GILLES.

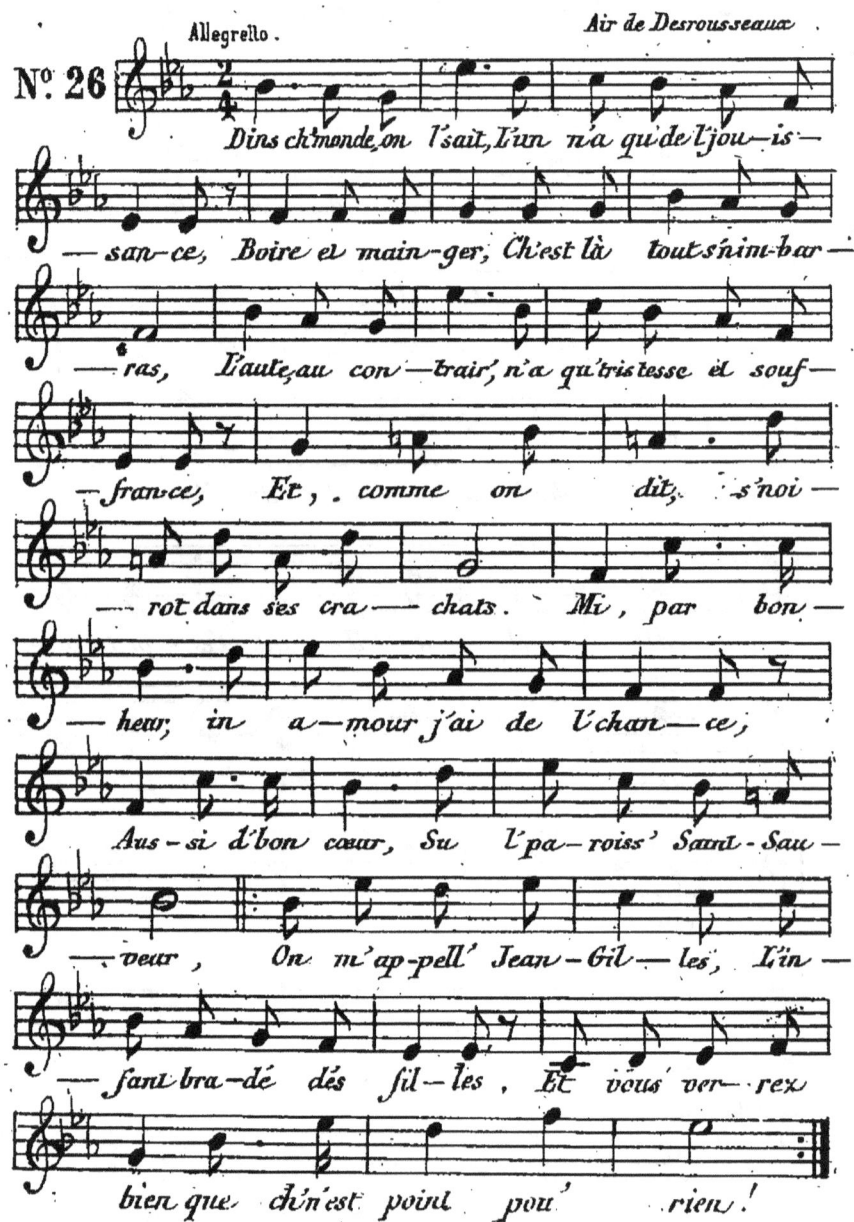

L'MARCHAND D'FALTRAN.

VINGT ANS.

LES SOUVENANCES.
ou
l'Amour ombrageux.

Air de Desrousseaux

N° 30 Adagio. *Bastien*
Quoi, ch'est comm' vous, Ma—rie Chris-
Christine —ti—ne! Tiens ch'est comm' vous com—pèr' Bas- *Bastien* tien. Ah! mon Dieu
Qu'vous a—vez bonn' mi—ne I m'sennieaus 'si qu'vous s'por-tez *Christine*
bien. Hé—las! non m'lampe est pres-qu'é—tein-te. Ah! l'mien-ne
n'brûl'ra pus long temps, mais puis que l'oc-ca—sion s'pré-
—sin—te Rap—pe—lons — nous donc no' jeun'—
Christine temps. Pour a—dou—chir peine et souf—fran-ce, Quand on est
Bastien
Pour a—dou—chir peine et souf—fran-ce, Quand on est
vieux, u—sé, cas—sé Heu-reux qui con—ser—ve l'souv'
vieux, u—sé, cas—sé; Heu-reux qui con—ser—ve l'souv'
—nan—ce des his—toi—res du temps pas———sé.
—nan—ce des his—toi—res du temps pas———sé.

RONDE DU TEMPS PASSÉ

Puis-que nous somm's des jeun's fil-lettes, Et qu'vous êt's là des jeun's gar-chons. A rire, à grain-gner, nous somm's prê-tes, Si vous n'fait's point trop les dé-mons. Au rond! Au rond! au rond! au rond! A-mu-sons-nous, gar-chons, fil-let-tes! Au rond! Dan-sons des ri-go-dons.

Lith. Bolduc frères

EN VENTE

A LILLE, CHEZ LES PRINCIPAUX LIBRAIRES ET CHEZ L'AUTEUR,
RUE BEAUHARNAIS :

CHANSONS ET PASQUILLES LILLOISES
Par DESROUSSEAUX,

4 volumes in 8°, avec les airs notés, à 2 francs 50 centimes.

(Chacun de ces volumes est divisé en livraisons qui se vendent séparément 15 centimes).

LIVRAISONS DU 4ᵉ VOLUME.

1re LIVRAISON.
Le Petit-Parrain.
Le Café.

2e LIVRAISON.
Le Graissier.
La Rattacheuse.

3e LIVRAISON.
Liquette ou Conseils à une jeune fille.
Mes Portraits.

4e LIVRAISON.
Le Vieux Cabaret.
L' Graingnard.

5e LIVRAISON.
L'Avaricieux.
Le Pana.

6e LIVRAISON.
L'Héritier.
Complainte d'une Veuve.

7e LIVRAISON.
Aïe-aie-aïé !
Mon Voyage à Arras.

8e LIVRAISON,
La Babillarde.
On n' peut pus croire à rien.

9e LIVRAISON.
Le Vieux Fripier.
Les Hommes-Pichons.

10e LIVRAISON,
Le Valet de Société.
Les Vinaigrettes.

11e LIVRAISON.
L' Marquis d' bielle humeur.
Vive l' Crinoline !

12e LIVRAISON.
L' Cabaret du P'tit-Quinquin.
Le Mont-de-Piété.

13e LIVRAISON.
Le Petit Rentier.
L' Manoqueux.

14e LIVRAISON.
Ah ! qu' ch'est sot d'ête amoureux.
L' Cabar'tier du P'tit Chav'tier.

15e LIVRAISON.
Si j'étos garchon !
Les Amours de Jacquot.

16e LIVRAISON.
La Planète.
Philippe-le-Bon.

17e LIVRAISON.
L'Amoureux farceux.
L' Bernatière sans odeur.

18e LIVRAISON.
L' Cave des Quat'-Martiaux.
Jean-Gilles.

19e LIVRAISON.
L' Baptême du p'tit Riquiqui.
L' Marchand d' l'attran.

20e LIVRAISON,
Les Cabarets-Concerts.
Vingt ans.

21e LIVRAISON.
Los Revenants.
Lettre à Mimile.

22e LIVRAISON.
Les Souvenances.
L'Agilité.

23e LIVRAISON,
Le Parjuré.
La Cafetière.

24e LIVRAISON.
Le Mariage de Violette.
Ronde du temps passé.
Une douce consolation.

La musique se vend par séries de huit airs.

PRIX DE CHAQUE SÉRIE : **30 centimes.**

www.ingramcontent.com/pod-product-compliance
Lightning Source LLC
Chambersburg PA
CBHW071244160426
43196CB00009B/1157